本书为湖北民族大学博士启动基金项目（项目编号MD2020B028）、湖北民族大学文学与传媒学院学科建设文库成果。

发展传播视野中的
武陵山区农村品牌消费研究

RESEARCH ON RURAL BRAND CONSUMPTION IN WULING MOUNTAIN AREA FROM DEVELOPMENT COMMUNICATION

陶薇 著

社会科学文献出版社
SOCIAL SCIENCES ACADEMIC PRESS (CHINA)

目　录

绪　论　乡村品牌消费的研究意义、问题及方法……………………… 1

第一章　武陵山腹地的上坪村：村民品牌消费故事展演的场景……… 6
　第一节　酉水河畔的土家村落——上坪村……………………………… 6
　第二节　变迁中的区域传播环境………………………………………… 8

第二章　传播途径对乡村品牌消费的影响……………………………… 20
　第一节　电视达成的消费欲望操控……………………………………… 21
　第二节　新媒介赋权与去权的相伴发生………………………………… 29
　第三节　乡村购物空间的规训与抵制…………………………………… 42
　第四节　人际传播的"乡土+市场"逻辑………………………………… 65
　第五节　本章小结………………………………………………………… 87

第三章　乡村品牌消费的转型跃迁……………………………………… 91
　第一节　品牌消费物的显性提升………………………………………… 91
　第二节　品牌消费观念的多元呈现……………………………………… 118
　第三节　品牌消费方式的转型跃升……………………………………… 135
　第四节　本章小结………………………………………………………… 146

第四章　身份建构自觉中的乡村品牌消费分化与趋同 ⋯⋯⋯⋯⋯ 150
　第一节　两栖村民的成功者身份建构与引领性品牌消费 ⋯⋯⋯ 151
　第二节　留守村民的多元身份自居与跟随性品牌消费 ⋯⋯⋯⋯ 159
　第三节　贫困村民本色认命者的品牌抗拒性消费 ⋯⋯⋯⋯⋯⋯ 171
　第四节　本章小结 ⋯⋯⋯⋯⋯⋯⋯⋯⋯⋯⋯⋯⋯⋯⋯⋯⋯⋯ 177

第五章　结论 ⋯⋯⋯⋯⋯⋯⋯⋯⋯⋯⋯⋯⋯⋯⋯⋯⋯⋯⋯⋯⋯ 179

附录1　上坪村居民个人品牌消费情况调查问卷 ⋯⋯⋯⋯⋯⋯⋯ 187

附录2　上坪村居民家庭品牌消费情况入户调查表 ⋯⋯⋯⋯⋯⋯ 192

附录3　品牌消费与认知访谈提纲 ⋯⋯⋯⋯⋯⋯⋯⋯⋯⋯⋯⋯ 193

附录4　受访者信息统计表 ⋯⋯⋯⋯⋯⋯⋯⋯⋯⋯⋯⋯⋯⋯⋯ 195

参考文献 ⋯⋯⋯⋯⋯⋯⋯⋯⋯⋯⋯⋯⋯⋯⋯⋯⋯⋯⋯⋯⋯⋯ 197

后　记 ⋯⋯⋯⋯⋯⋯⋯⋯⋯⋯⋯⋯⋯⋯⋯⋯⋯⋯⋯⋯⋯⋯⋯ 219

绪　论
乡村品牌消费的研究意义、问题及方法

1978年改革开放以来，中国发生了翻天覆地的变化，"正经历着从以生产为主导的生产型社会到以消费为主导的消费型社会的转型过程"。① "消费已不是一般的经济环节，而是推动经济与社会向前发展的一种动力"。②

随着改革开放深度和广度的不断提升，我国后发展地区封闭、落后的局面逐渐被打破。近年来，西部大开发、新农村建设、精准扶贫、乡村振兴等政策的实施和落地，尤其是一系列惠农政策的出台，推动着后发展地区农村消费市场发展。党的十八大以来，农村消费品市场发展明显加快。2020年，乡村消费品零售额达5.3万亿元，比2015年增长26.1%，连续8年快于城镇，农村消费升级趋势明显。③ 后发展地区乡村社会的大众消费时代来临，在全球化的消费演进脉络中，传统的村落正演绎着其独特的现代化发展进程。

"全球化赋予文化工业一种全新的运作形式，如果说文化工业主要以商品形式运作，全球文化工业则以品牌形式运作。"④ 在消费升级发生的当下

---

① 周晓虹等：《中国体验——全球化、社会转型与中国人社会心态的嬗变》，社会科学文献出版社，2017，第96页。
② 戴慧思、卢汉龙：《消费文化与消费革命》，《社会学研究》2001年第5期，第117~125页。
③ 国家统计局：《中华人民共和国2020年国民经济和社会发展统计公报》，http://www.stats.gov.cn/tjsj/zxfb/202102/t20210227_1814154.html。
④ 斯科特·拉什、西莉亚·卢瑞：《全球文化工业——物的媒介化》，要新乐译，社会科学文献出版社，2010，第8页。

中国农村社会，品牌给农村居民的生活带来了重要而又深远的影响，这一影响不仅表现为消费行为和观念的转变，而且在生活方式、生活体验上不断深入农村居民的日常生活，构成了转型时期农村消费发展变迁的重要组成部分。

20世纪五六十年代以来，发展传播理论经历了从现代化范式到多元化范式的转换，重新定义了其发展内涵，也强调在具体社会情境中考察传播与发展的关系，强调"要从传播的角度开掘出新的社会发展资源作为奔向现代化的动力"[①]。

后发展地区农村消费升级与发展的现实，发展传播理论的观照与反思，让我们不得不思考这些问题：在中国快速转型发展背景下，品牌传播与后发展地区农村消费的变迁是如何相互作用的？品牌如何进入村落的日常生活，并建构着独特的村落现代化进程？那些刚刚走出贫困，又徘徊于物质世界与符号世界之间的农村居民，会如何面对、理解和接受纷繁复杂的品牌世界？

本书从乡村传播的研究视野出发，遵循发展传播学的理论范式，以"创新扩散—发展变迁"的发展传播主导范式为基本框架，以村落品牌消费变迁为研究对象，通过对后发展地区乡村的民族志研究，探究品牌在乡村传播扩散的途径及结果，分析并阐释后发展地区乡村品牌消费在宏观和微观上的变迁特征。研究思路和分析框架如图1所示。

民族志一直是中国文化人类学研究的重要标志。在我国的乡村传播研究中，民族志的方法本身就是一种视角，它让乡村传播研究中有了农民的主体性表达，并继承了人类学的文化深描与反思。本书采用民族志的方法开展研究，将这一研究传统延续，希望在日常生活中动态地看待乡村品牌消费的变迁。

在上坪村的民族志调查中，笔者主要使用了参与观察、入户调查、问卷调查、访谈相结合的资料获取方法。

---

① 陈卫星：《传播的观念》，人民出版社，2004，第448页。

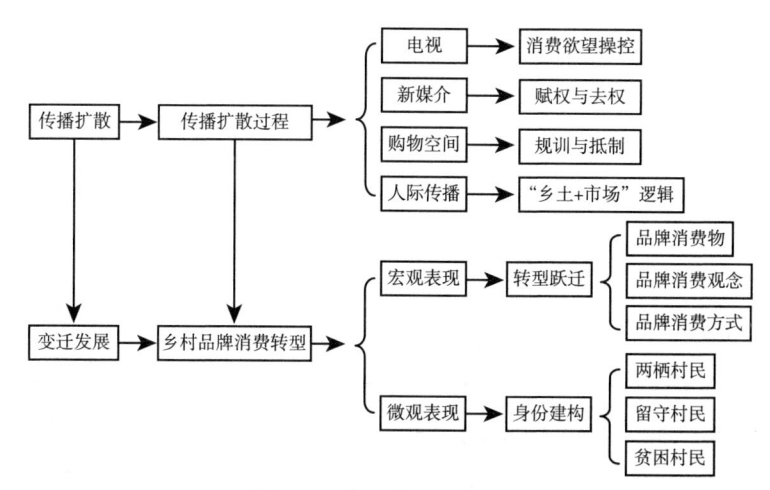

绪　论　乡村品牌消费的研究意义、问题及方法

图 1　研究思路和分析框架

（1）参与观察

除去先期考察地点以外，正式调查参与观察是在与村民的朝夕相处中完成的。其中，集中调研 5 次，总共 6 个月左右的时间。

（2）入户调查

入户调查的目的，主要是了解上坪村各家庭的基本情况以及以家庭为单位的品牌消费、接触媒介、购买渠道等相关情况。本研究的入户调查主要针对上坪村四个小组中户数最多的第三组进行，共计 65 户。入户调查主要以填写入户调查表的方式进行，填写的方式为观察与访问结合。上坪村第三村民小组入户调查家庭基本情况见表 1。

表 1　上坪村第三村民小组入户调查家庭基本情况（$N=65$）

单位：户

总项目	分项目	户数
家庭人均年收入	3300 元以下	10
	3300~6000 元	11
	6000~10000 元	20
	10000~15000 元	19
	15000 元及以上	5

续表

总项目	分项目	户数
住房类型	新房(水泥楼房)	27
	旧房(木质瓦房)	14
	新房+旧房	22
	城市购房	2
修建新房年限	5年以内	29
	5~10年	21
	10年及以上	15
家庭结构类型	核心家庭	32
	直系家庭	22
	复合家庭	5
	残缺家庭	2
	纯老家庭	4
居住方式	代际混居一层	26
	代际分层隔离	39
贫困户数		3

注：家庭结构以具有血缘、姻缘和收养关系的成员所组合的家庭或家户类型为认识途径。这一结构中所包含的家庭类型主要有核心家庭（夫妇与未婚子女所组成）、直系家庭（夫妇与一个已婚子女及孙子女所组成）、复合家庭（夫妇与两个及以上已婚子女所组成）、残缺家庭（未婚兄弟姐妹所组成）和纯老家庭（家庭全部人口的年龄都在60周岁及以上）等。中国迄今为止主要的家庭类型为核心家庭和直系家庭。

（3）问卷调查

问卷调查主要针对村民个体的品牌消费进行，以了解村民个体的品牌消费及接触媒介、购买渠道等相关情况。问卷发放分为线上发放和线下发放两种方式。由于中青年群体购买力较强，是消费主力，所以中青年村民在问卷发放对象中所占比例相对较大。问卷共计发放315份，回收有效问卷253份。上坪村村民个人品牌消费问卷调查对象基本情况见表2。

（4）访谈

本书所提及的访谈对象共涉及63人，包含村干部、外出打工者、经商者、在家务农者、村幼儿园及小学教师、保育员等。在田野作业中，笔者试图将半结构式访谈的问题融入开放式、过程性、共情式的访谈方法中。

表2 上坪村村民个人品牌消费问卷调查对象基本情况（$N=253$）

单位：人，%

项目	分项目	人数	比例
性别	男	144	56.92
	女	109	43.08
出生年份	1950~1969年	63	10.67
	1970~1979年	25	9.88
	1980~1989年	76	30.03
	1990年及以后	89	35.10
收入（不扣除花销）	3万元以下	113	44.67
	3万~5万元	66	26.08
	5万~8万元	55	21.73
	8万元及以上	19	7.50
常住地	村里	68	26.88
	镇上	43	17
	城里	90	35.57
	两头跑	52	20.55
是否外出务工	是	173	68.38
	否	80	31.62

第一章
武陵山腹地的上坪村：
村民品牌消费故事展演的场景

本章试图勾勒一幅上坪村村民现实生活和传播活动发生场域的全景图，它是上坪村村民品牌消费的主要展演空间，以为后文的观察和分析提供可参考的地理和历史坐标系。

第一节 酉水河畔的土家村落——上坪村

上坪村是湖北省恩施土家族苗族自治州宣恩县沙道沟镇洗白溪行政村的一个自然村落。宣恩县位于湖北省西南边陲，地处湖北省恩施土家族苗族自治州南部，县城距恩施州府40公里，全县总面积2740平方公里。① 宣恩县属云贵高原延伸部分，地处武陵山和齐跃山的交接部位，县城东南部、中部和西北边缘横亘着几条大山岭，形成了许多台地、岗地、小型盆地、平坝、横状坡地和山谷等地貌②，"八山一水一分田"就是对宣恩县地貌的形象写照。

沙道沟镇位于县域内西南部，209国道、325省道、恩来高速公路入境

---

① 郭祖铭主编《宣恩县民族志》（重修本），湖北人民出版社，2011，第1~3页。
② 郭祖铭主编《宣恩县民族志》（重修本），湖北人民出版社，2011，第1~3页。

而过,东与鹤峰县接壤,东南与湖南省龙山县交界,西及西南与李家河镇、高罗乡相邻,北与椿木营乡相接,距宣恩县城65公里,距来凤县城30公里,是湘鄂川渝四省五县的商品集散地和物流中心。洗白溪村位于沙道沟镇西南约12公里处,南临酉水,与湖南省龙山县三元乡隔河相望;北与栏杆坪村接壤;东临乐坪村;西与李家河镇相连。洗白溪行政村是一个正处于社会转型中的土家族乡村,全村共有10个村民小组,常用耕地面积1407亩,其中水田844亩、旱地563亩。①

上坪村所属洗白溪村的沿革,少见诸文献。县志中也是片言只语,村里老人也记忆模糊,没有清晰表述。设立行政村以前,由于上坪村和乐坪集市靠近,新中国成立后上坪村又一直属于乐坪公社,上坪村人一直将自己居住的地方称为"乐坪",没有人在日常生活中将自己家乡称为"洗白溪村"。据村里老人介绍,乐坪集镇范围内的地方,曾经有很多拱桥,被誉为"拱桥之乡"。查阅《宣恩文史资料》,有文如下描写乐坪:"三里五拱桥、五里三拱桥、三步两渡桥"。

洗白溪村村民85%为土家族,村里有赵、韩、刘三大姓,这三姓人相对集中地居住于三个角落(即三个自然村)——上坪村、洗白溪村、刘家坳村(见图1-1)。1984年,上坪村、刘家坳村、洗白溪村三个自然村合并为一个行政村,名为洗白溪村。洗白溪行政村共449户,总人数1678人,10个村民小组,上坪村是三个自然村中规模最大的,共188户,4个村民小组,总人数715人。在地理、耕地、人口、家庭规模等方面,三个村之间具有很强的相似性。村民的社会行动,依托于自然村,自然村才是其生产、生活的核心单位。三个村之间相距2~3公里,每个自然村下又包括几个屋场。上坪村被乡村公路隔开为两个屋场,居住1、2、3、9组村民,两边屋场的人交往密切,多为赵姓。据村民们介绍,上坪村的赵姓也分为两支,一支是本来就居住于此的土家族,一支是经湖南搬迁于此的汉族,在生活习惯和风俗上融入了当地的土家族群。洗白溪村以韩姓村民为主,居住5、6、7组村

---

① 《洗白溪村基本情况》(2017),洗白溪村村委会。

民，刘家坳村集中居住的是刘姓村民，居住4、8、10组村民。传统土家族多聚族而居，十几户、数十户甚至上百户结为一个村寨。这种聚落而居的居住形式，被认为是社会凝聚力较强的村庄模式。

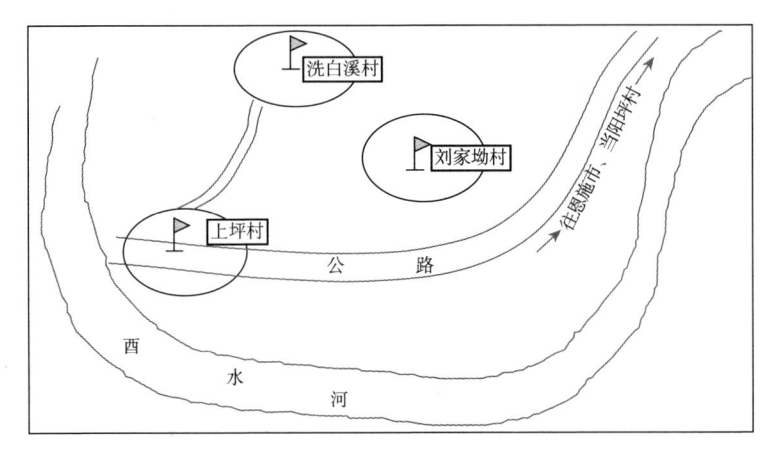

图 1-1　洗白溪村村寨分布情况（手绘）

第二节　变迁中的区域传播环境

柯克·约翰逊在研究电视与印度乡村社会变迁时，发出这样的感叹："社会是根据它所使用的通讯形式来建构的"。[①] 在不同的社会发展阶段，不同的媒介和沟通方式建构了村落区域社会不同的传播环境。

一　宗族、仪式、歌舞形成的传统传播环境

在传统的上坪村中，以宗族为主线的血缘与地缘关系构建了基本的人际网络和秩序，而多样的民族性和地域化的民俗仪式则形成了丰富的民间传播活动，歌舞则是乡村文化传播特有的媒介。

---

① 柯克·约翰逊：《电视与乡村社会变迁：对印度两村庄的民族志调查》，展明辉、张金玺译，中国人民大学出版社，2005，第191页。

（一）聚族而居形成的乡土人际网络

宣恩土家族多是聚族而居，以宗族为单位居住在一起，形成了血缘和地缘关系紧紧缠绕在一起的乡土人际交往格局。

在传统上，土家族奉行父系继嗣原则，家庭财产基本上沿父子轴传承。每一个土家村寨基本上都是由一个或几个父系的亲属集团组成的，形成了如费孝通先生所讲的差序格局。一般来说，在土家村寨，这个差序格局是按照"家庭—家户堂—房—族（支）—姓"的关系由近及远建立起来的。在这一格局中距离越近，居住就越集中，交往也就越频繁。从父系血缘关系出发，首先是家庭，由家庭向外扩散三四代构成"家户堂"，也就是同一个公公（即爷爷）的亲戚，再往外推远一点就构成了"房"，更远则是同族人，也就是我们所说的"宗族"，也叫"同一支人"，更外边就是同姓的人。传统上，同宗亲的族人往往供奉一个土地堂，有共同的谱系和字派。

同宗族的人居住在一起，形成聚落，同房的人往往住得更近一些，形成屋场，而同一个爷爷的三代以内的父系家庭，往往会住在同一个院子。过去，富裕人家同一家户堂的亲属，往往会住在一个四合大院内，院落之间有石墙和石板道路隔开，依地势而建，从远处看是一个整体。由于上坪村并非一直居住的都是土家族，有些是外面的汉族搬迁至此，与当地土家族融合在了一起，因此，在上坪村，基本没有这样的四合大院。而在离上坪村不远的沙道沟镇两河口村彭家寨，则保留了完整的土家吊脚楼群，被称为土家活态博物馆。大多老一辈的上坪村村民能回忆起，新中国成立前村里有两户赵姓地主家有几进院子的吊脚楼建筑。在临近的乐坪村，还保存着一处1929年修建的朱家大院，朱家后人称，他们的祖上是做生意的，靠贩运盐、糖、棉花等发财后，修了这个大院。对于普通人家而言，修不起四合大院，但儿子辈一般都要靠近老屋修新房，形成同一房的亲属毗邻而居的空间格局。这样的聚落就是现在村民口中提到的"那一方"的人，是村落熟人社会形成的基础。

宗族秩序的维护，靠的是长期形成的宗族观念、规范、习俗。例如，由于土家族人民长期生活在僻处荒隅、舟车罕至之地，要想维持安定和秩序，就必须同姓同族人之间守望相助。同族人聚族而居，就有了共同承担修建和维护公共设施的义务。例如，茶亭、渡口、桥梁、水井、土地堂等，都需要同族人出工出力。同族人依靠血缘和地缘关系，人靠人、亲靠亲，成为稳定的命运共同体。在族内，无论是婚礼、葬礼、修房还是农业生产，都讲究"一家有事，百家帮"且不计报酬。这种帮忙也是同族之间的互助义务，如果别人家有事你不去帮忙，那么自己家需要帮忙的时候也就找不到人。因此，帮忙是一种义务和本分。听村里人回忆，以前别人家修房子，大家帮忙一帮就是十天半月，很是热闹。现在，这种帮忙的义务主要体现在同一"家户堂"的亲戚中，父系家庭三代内的亲属，往往有彼此救助的义务，生产上相互协作，生活上相互关照，需要援助时则尽力而为。离开了族内各亲属之间的关爱和互助，传统的土家村寨很难正常运转。所以，在上坪村，常听人们互相说起"我们是一家的"，一般是指同一个爷爷的"家户堂"这个大家。在婚姻上，讲究"同姓不婚""乱亲不乱族""亲有三代，祖有万年"。

新中国成立前，村寨里的宗教领袖和自然领袖是土家族梯玛（土老司），土老司通过宗教仪式把同一宗族的人整合在一起。"改土归流"后，宗亲观念在流官的文化规范下得到强化。上坪村村民不是严格意义上传统的当地土家族，因此，即便在新中国成立前，也是方圆几个村有一个土老司，并没有非常强的宗教崇拜。新中国成立后，经过经济、社会变革，现代国家权力不断向村寨强化，行政权力成为村落社会的重要控制力量，村支书在村里有着较高的地位，当然，传统的宗族中辈分较高的老人也还有着一定的威望。

在语言上，上坪村村民也完全使用汉语，在上坪村所在的区域社会，由于与汉族杂居，汉语逐渐成为各民族间共同的交际工具。上坪村村民在生产生活及其他社会活动中，也只是在说汉语时夹杂一些土家语生活用语。由于学校要求说普通话，上坪村的很多小孩会用普通话交流，会说土家语的人越来越少。

（二）仪式、歌舞交织的民间传播活动

土家族民俗仪式非常丰富，音乐和舞蹈也通常是在这些仪式中发展起来

第一章 武陵山腹地的上坪村：村民品牌消费故事展演的场景

的，如沙道沟镇的八宝铜铃舞就是用于土老司主持的祭祀和迎神送鬼等仪式活动。基于历史与文化的传统，上坪村村民的日常生活实践中，民间传播活动非常丰富，总体来说可分为两类。

一是人生仪式。人一生会经历很多必不可少的过程，如结婚、生子、子女满月、过寿、死亡等，在酉水流域土家族文化中，每一阶段的生命过程都有生命仪式，而这些仪式往往也是民间的传播活动。例如，"改土归流"前，青年男女往往以歌为媒，以歌相识，以歌传情，以歌定终身。在恋爱中以"手帕"或"西兰卡普"为定情信物。"改土归流"后，虽然婚嫁程序变得复杂，但歌曲依然是婚嫁仪式中的重要组成部分。女子出嫁，一般前半个月到一个月就开始哭嫁，哭嫁歌包括《哭父母》《哭叔伯母》《哭嘎公嘎婆》《妹哭嫂》《嫂哭妹》《哭姨母》《哭媒人》等。在姑娘出嫁前一个晚上，要举行祭祖仪式，也有哭词。陪十姊妹是土家族婚礼中最隆重的礼节，十姊妹歌包括《开台歌》《斟酒歌》《圆台歌》等。在婚礼中，举行插花、披红、升匾仪式时，又有一套吉祥说词，包括《进堂赞词》《插花词》《披红词》等。① 再比如，在葬礼上，为悼念死者，为死者送行的一种隆重的送葬仪式，会"跳丧舞"，也就是"撒尔嗬"。土家族有"一死众家丧，一打丧鼓二帮忙"的说法，乡亲们翻山越岭而来，聚集在亡人的灵柩前，通宵达旦踏着鼓点载歌载舞，场面气氛欢快热烈。这种把丧事当作喜事办的方式，表达了土家族人民独特的生命意识。说词、歌曲、舞蹈是土家族生命仪式的重要组成部分，它贯穿整个仪式，和土家族村民的人生紧紧联系在一起，参与和见证了土家族人民的生命历程。

二是村落仪式。村落仪式是民间传播活动的重要内容。以盖房为例，盖房是土家族村民心中的大事，在修建传统木质吊脚楼时，建房礼仪也贯穿全过程，程序井然。整个程序包括择地、打屋场、选梁树、砍梁树、解梁木、祭鲁班、起扇、拜梁。在整个过程中，每个阶段也都有说词。例如，在起扇时，掌墨师傅要念："主东好福气，今日把屋立。大家请注意，刚才把扇

---

① 刘吉清、郭大新编著《宣恩风情概览》，湖北人民出版社，2006，第20~120页。

起。人人要攒劲,个个要使力。弟子喊将声起!"众人齐声应:"起!起!起!"一扇立好后,就用支本撑好,再起一扇,直到所有的扇起完。可以看到,这些说辞的字里行间,隐藏着土家族人民的激情与期许,是土家族人民对美好生活的追求与向往。

詹姆斯·W. 凯瑞提出"传播的仪式观",认为传播不仅是传递信息,还包括意义与文化的共享,目的在于社会的维系。[①] 土家族村民通过仪式与歌舞的民间传播活动,表达民族性的生活和情感,表达对人生丰富的想象,并建构了地方性的人生秩序。同时,这一乡土社会交流和传播的特殊形态,也让村民在其中找到归属感和认同感。

虽然在村落现代化的继承中,这些传统的传播活动凋零了,但它们仍是村民几代人的集体记忆,并承载了他们浓浓的乡愁。对传统乡村的回忆与向往,又把这些传播活动编织进了现代的村落生活中。例如,笔者三次在上坪村过春节,体会到了杀年猪、吃刨汤年俗的热闹,年轻人又开始在大年三十晚上玩起了多年不见的春节习俗——"玩龙灯",返乡的人们纷纷来到村委会门口观看,男女老少挤成一堆,平日里在外工作的、在家看孩子的、老的、少的,说说笑笑,吵吵闹闹,一切都融进龙灯的锣鼓声和鞭炮声中,成为上坪村过春节时一道独特的文化风景。

二 电视、网络、公路建构的现代传播环境

以电视、网络为代表的电子媒介和以新建公路为代表的地理媒介,构建了上坪村现代的传播环境。

(一)从"竹竿"到"锅儿"的收视

宣恩县电视事业始于1979年,上坪村村民的电视收视也随着宣恩县电视事业的发展,大致经历了三个不同的发展阶段。

第一个阶段是20世纪90年代初到21世纪初,这一阶段的收视以天线为主,能看的频道少,信号非常不稳定。

---

① 詹姆斯·W. 凯瑞:《作为文化的传播》,丁未译,华夏出版社,2005,第7页。

第一章 武陵山腹地的上坪村：村民品牌消费故事展演的场景

1979年，湖北省广播电视局拨给宣恩县黑白彩色兼容10瓦电视差转机、扫平仪和监视机各1台，收转恩施天池山二频道信号，宣恩县的电视事业由此开始发展。当年11月，在县城正式开通转播，覆盖人口约1万人。1983年，在海拔1200米的东门关建立差转站，发射功率为50瓦，为宣恩县南半部传送电视信号。1987年6月，在城区海拔666米的祖师庙，建立全县第一座卫星电视地面接收站，正式开通转播，功率为10+100瓦。1988年，基层区（镇）建立差转站和小型卫星电视地面接收站。1990年8月，最边远的沙坪村建起卫星电视地面接收站。①

20世纪90年代初，上坪村村民们才开始看电视。村民们对这一阶段的收视记忆非常深刻，讲起来也津津乐道。由于电视信号弱，很多村民们自制电视天线，用粗的铝线缠绕在铁棒上，再绑在竹竿上，插在屋顶。能收到的频道也十分有限，主要是中央台、北京台、湖南龙山台等几个频道。

"我小时候经常到屋顶上去转天线，要是电视看不到，雪花点点多哒，我老汉儿（方言，父亲的意思）就喊我爬上去转天线，一个人在屋里喊，一个人在外面转。"

——ZW，35岁，务工

"那时候看电视，要得个天线举起到处找信号，有时候一个院子都要跑高（方言，跑到的意思），一两丈多高的竹竿子，扛起到处跑。"

——ZAM，50岁，个体户

第二个阶段是2001~2010年，在这一阶段，上坪村电视快速普及，开启卫星电视收视时代，举起杆子到处找信号的时代慢慢结束。村民们能收看到的电视节目越来越多，看电视开始成为村民闲暇时间主要的休闲活动

---

① 湖北省宣恩县地方志编纂委员会编《宣恩县志》，武汉工业大学出版社，2004，第395页。

之一。

1998年，国家为了解决广播电视信号覆盖"盲区"的群众收听广播、收看电视的问题，开始组织实施"广播电视村村通工程"。"十五"期间，国家要求解决50户以上自然村的广播电视覆盖问题。

1999年，宣恩县开始实施"村村通广播电视"战略工程，全县建成电视发射台17座，功率由初建时的10瓦增加到610瓦，基层建立小型卫星电视地面站1371座，其中个人家庭建站1311座，有线电视系统42个，电缆线路500千米，终端用户10437户，全县拥有各类电视机32171台，覆盖率在75%以上。2000年，全县14个乡（镇）先后开通有线电视，农村收视节目增加到6~8套。①

这一时期，上坪村村民开始购买碟形卫星接收器和彩色电视机收看电视。2005年，CJH家在上坪村率先购买了碟形卫星接收器，村民们形象地称其为"锅儿"，当时这种设备还非常昂贵，需要两三千元。最初安装"锅儿"的时候，村里能接收到凤凰卫视、阳光卫视等一些境外的频道。自2007年8月之后，上述境外电视频道信号被屏蔽。2007年以后，这种卫星信号接收器在上坪村开始普及，只需要几百元。2009年左右，村里就能收到50个左右的电视频道，包括全国上星的全部省级频道和一些教育、卡通频道。

第三个阶段是2011年以来。这一阶段，上坪村村民的电视收视还是以卫星收视为主，少部分村民开始接入有线电视和互联网电视，数字电视时代逐渐开启。

"十一五"期间，为全面加强农村广播电视无线覆盖，国家提出全面实现20户以上已通电自然村村村通广播电视的发展战略。2010年，湖北省广电局下达给宣恩县20户以上自然村村村通建设任务290个。当年，宣恩县完成20户以上自然村村村通建设任务510个，共发放直播卫星设备10200

---

① 宣恩县地方志编纂委员会编《宣恩县志（1979~2000）》，方志出版社，2011，第395页。

套。① 2016年，国务院办公厅发布了《关于加快推进广播电视村村通向户户通升级工作的通知》，提出由模拟信号覆盖向数字化清晰接收升级，明确到2020年基本实现数字广播电视户户通。恩施州于2017年9月开始部署实施，至2018年底，宣恩县共完成户户通设备录入38342套，安装开通37919套。②

就2017~2019年上坪村的电视收视情况看，户户通设备的安装还非常有限，村民电视收视以传统的卫星收视为主，第三组64户村民中，用传统"锅儿"收看电视的村民占80%左右，通常能收到30多个频道。

（二）跨越PC进入移动互联网时代

宣恩县互联网的发展大约从21世纪初开始。从统计数据来看，2003年，宣恩县拨号上网用户为891户③；2007年，宽带用户达3577户④；2015年，宽带用户增至2.01万户⑤。与宽带发展比较起来，移动互联网发展的速度要迅速很多。2010年，宣恩县基本实现了移动网络的城乡全覆盖，城区及乡镇覆盖率达100%，村镇覆盖率达88%⑥，移动电话用户达19.08万户⑦；2015年，已基本实现了3G网络的城乡全覆盖，移动电话用户达22.45万户⑧；截至2020年底，宣恩县4G网络综合覆盖率已超过98%⑨。

在PC互联网时代，笔者很少看到村民家里购买电脑。村民XZX结婚时

---

① 宣恩年鉴纂委员会、宣恩县史志办公室编《宣恩年鉴（2011）》，2011，第242页。
② 宣恩县档案馆编《宣恩年鉴（2019）》，长江出版社，2020，第248页。
③ 《恩施州宣恩县2003年国民经济和社会发展统计公报》，中国统计信息网，2010年3月12日，http://www.tjcn.org/tjgb/17hb/8149_2.html。
④ 宣恩县年鉴编辑委员会编《宣恩年鉴（2008）》，2008，第195页。
⑤ 宣恩县史志办公室编《宣恩年鉴（2016）》，方志出版社，2017，第89页。
⑥ 宣恩年鉴纂委员会、宣恩县史志办公室编《宣恩年鉴（2011）》，2011，第107页。
⑦ 《恩施州宣恩县2010年国民经济和社会发展统计公报》，中国统计信息网，2012年10月8日，http://www.tjcn.org/tjgb/17hb/25806_2.html。
⑧ 《（湖北省）2015年宣恩县国民经济和社会发展统计公报》，县情资料网，2017年6月14日，https://www.ahmhxc.com/tongjigongbao/7460_2.html。
⑨ 《湖北宣恩：架起"信息高速路" 为乡村振兴"插上翅膀"》，学习强国，2021年7月8日，https://www.xuexi.cn/lgpage/detail/index.html?id=14555723403461548296&item_id=14555723403461548296。

曾买过一台电脑，但由于没有联网，基本没怎么用过。对于"90后"村民来说，集镇上的网吧是他们的集体记忆。据在沙道沟镇上开了多年网吧的ZWG介绍，沙道沟镇的网吧大约在2006年就有了，他是最早在沙道沟镇上开网吧的人，那时候生意非常火爆，一般都是来玩游戏的，挂QQ聊天、看电影的也有。"90后"村民ZEH回忆："我五年级的时候，镇上开始有了网吧，一个网吧十多台机器，周末常常爆满，主要是打游戏。那时候小，没得钱，大人也不让去玩，经常好几个同学开一台机器玩，或者站在边上看别人玩。"

近一两年，由于移动互联网的迅速发展和智能手机的普及，上坪村村民手机上网逐渐普及。从整体上看，上坪村村民几乎跨过了PC互联网时代，直接进入了移动互联网时代。在手机使用上，微信、抖音等社会化媒体，改变着村庄的公共娱乐生活。

在公共生活上，不论是在村委会行政管理中，还是在村民的日常交往中，微信群都是必不可少的工具。村委会干部利用不同的微信群开展各种工作，例如洗白溪村的大群主要用于发布各类通知公告，村党员群主要用于党员间的交流，还有一些临时微信群用于处理各类具体公共事务，这些微信群成了村落治理的新工具。在村民的公共交往中，村民也自发建立了很多的微信群，例如一些大家族建立的家庭微信群，人员不仅局限于"家户堂"内亲戚，同一房的父系、母系的亲属都可能加入其中，逢年过节，家庭微信群里会掀起发红包的浪潮，平时不怎么联系的一些亲戚，这时候也会参加，让大家找到大家族的其乐融融之感。再如，在广州务工的村民建立的微信群，主要用于提供工作信息，或者群内成员互相之间提供一些支持和帮助。

在私人生活中，移动媒介使用更新了村庄私人交往的方式。村里外出务工的村民特别多，家里的老人、孩子、妻子可以通过微信与其进行远距离的在线视频通话，促进了跨时空的情感交流。很多孩子跟随父母一起进城，微信则成了老人与儿女、孙子交流感情的工具，笔者看到，村里很多老人对智能手机使用最频繁和娴熟的功能就是微信语音和视频通话。年轻人是微信的熟练使用者，通过微信，年轻男女似乎找到了表达爱意的新渠道。例如村民ZL就告诉笔者，自己平时性格内向，不太会说话，但是用了微信以后，跟女孩子交流就变得容易多了,相亲后彼此加上微信,有很多当面不好意思说的话,就能通过微信表达。

除了微信,抖音、快手、全民K歌等娱乐媒体的兴起,也让村民的闲暇生活变得不一样。很多村民加入观看和拍摄短视频的行列中,并将自己拍摄的视频转发到网络上。这些娱乐媒体成为丰富村民闲暇生活的娱乐工具。

(三)从"畏途"到"坦途"的交通

新中国成立前,上坪村的交通极为不便利,村里不通公路,村民出行只能依靠步行,去沙道集市赶场单程步行需两个多小时,一年也去不了几回。上坪村与宣恩县城之间横卧着一座海拔1200多米的大山,名为东门关,是去县城的必经之路。没通公路时,村民们要去县城,需要徒步翻越东门关,走到县城需要好几天,山大人稀,野兽出没,村里人视为"畏途"。

1955年,宣恩县境内开始修建椒沙(椒园镇至沙道沟镇)公路,1963年通车,公路途经离上坪村不远的当阳坪村,但囿于当时的物质条件,很少有人能乘坐汽车往返。1981年,交通部将椒沙公路定名为209国道宣恩段,一开始为碎石路面,后改造成三级公路,2000年,县境内209国道全部铺筑成沥青路面。由于海拔高,209国道东门关段是恩施州境内最险要的路段之一,号称"鬼门关",遇到雨雪天气,山高路滑,出行十分危险。2002年,东门关隧道通车,降低海拔390米,大大降低了交通事故发生率。[①] 2014年8月,安来高速恩施至来凤段建成通车,途经离上坪村不远的高罗镇,2016年,省道与村里连接村级公路通过村级公益事业建设一事一议财政补贴完成了新修。至此,从上坪村出发,至沙道沟镇只需要10分钟车程,至高罗镇只需要15分钟车程,至宣恩县城只需要40分钟车程,至恩施市只需要1小时车程,至来凤县城只需要30分钟车程,城乡之间的空间距离大大缩小。

随着交通道路网络的形成,"畏途"变"坦途",乡村空间也发生着变化。随着多条国道和高速公路的经过,沙道沟镇成为交通枢纽,沿公路形成了商业气息浓厚的道路空间。

---

① 湖北省宣恩县地方志编纂委员会编《宣恩县志》,武汉工业大学出版社,2004,第179页。

新中国成立以后到改革开放初期，农村道路两旁建筑墙体上的标语，是国家政策精神在农村社会空间的具体体现。墙体标语作为推进农民社会化的媒介，肩负着传达政策措施的任务，具有很强的政治意义。在上坪村，政治化的刷墙标语在一些路边老房子的墙体上还依稀可见，新中国成立后不同时期的农村墙体标语，是改革开放前乡村公共生活空间政治化的展现。例如，"自力更生、艰苦奋斗""实践是检验真理的唯一标准""生男生女一个样"等。

现在，道路空间正迅速商业化。据我国最大的农村墙体广告代理公司之一村村乐的创始人胡伟介绍，仅2015年一年时间，村村乐就刷了近千万平方米的农村墙体广告，相当于1400个标准足球场大小，其中占比排行前三的是电商、汽车和家电，共占80%。① 在从城里去往上坪村的道路两旁，有大量的户外墙体广告，有的直接以文字标语的形式刷在墙上，有的则用图文并茂的大面积喷绘挂在道路两旁民居的建筑墙体上。由于上坪村不位于省道及高速公路两边，所以户外墙体广告相对较少一些。根据笔者观察，在城乡之间往来的道路上，墙体广告以房地产、通信服务、家居建材、家电、汽车等喷绘户外广告和大面积的刷墙标语广告为主，在上坪村村内，则以文字形式的汽车、宽带、婚庆、家具等面积不大的户外广告为主（见图1-2）。

图1-2 上坪村民居外墙的户外广告

资料来源：作者拍摄于2018年8月。

---

① 《农村墙体广告联通城乡市场 电商汽车家电成刷墙前三名》，人民网，2016年2月22日，http://finance.people.com.cn/n1/2016/0222/c1004-28137875.html。

同时，道路的通畅，也为村民城乡两栖的生活提供了便利。高速铁路、高速公路和村村通公路把城市和乡村更紧密地联系在了一起，家庭、社区的时间地理空间都被压缩，城乡生活的同步性和重叠性增强。

随着交通越来越便利，上坪村出现了"城乡两栖人"，他们将自己的生活空间撑开在城镇与村庄之间，人在城镇和村庄之间不断转换与流动，城市与乡村都是他们的"家"。

在针对上坪村村民的问卷调查中，针对居住方式的回答，有20.55%的上坪村村民选择了"两头跑"。这些村民去往城市，有些是为了子女求学，有些是为了务工，有些是为了城市化的生活环境，但是，为了兼顾在农村居住的父母，或是兼顾农村的生意与工作，或是兼顾乡村绿色生活，在便利的交通条件下，他们购买了家用汽车，开始了"城乡两栖人"的生活方式。

村民ZJ，在县城创业开办了一家小公司，又在村里创办了花园农牧专业合作社，2018年当选为村支部书记，他告诉笔者，星期一至星期五他住在村里，周末一般就回城里，下班了如果有什么事情，也可以开车去城里。村民PXF，孩子在县城上小学，她也在县城务工，母亲随其居住在城里帮忙带孩子，父亲在家喂猪、种菜，她周末就经常带母亲和孩子一起回村里，周日带点父亲种的蔬菜再返回城里。村民ZXM，在沙道沟镇买了商品房，女儿在镇上的小学上学，丈夫在外打工，父母居住在村里，如果家里来了客人，或者有什么事情，她可以很快回来。

除了标准的"城乡两栖人"，还有很多村民过着类"城乡两栖人"的生活。村里每天有几班去宣恩县或恩施市的客车，也有人专门提供包车服务，可以送达指定的地点，回来可以去指定地点接。去恩施市的客车每人50元，去宣恩县的客车每人25元，去来凤县的客车每人20元，去沙道沟镇的客车则随时都有，每人10元，村级公交每人1元。村民如需要去城里或去沙道沟镇赶场，无须再跋山涉水，来回十分方便。

第二章
传播途径对乡村品牌消费的影响

随着我国农村社会从生产向消费的逐步转型,品牌开始渐次进入乡村。作为一种外来的新事物,品牌是通过哪些途径逐渐进入村民的日常生活?这些途径如何影响乡村消费者,让其接受这一新事物?在扩散过程中,村落社会系统中各种"地方性"的要素和条件,如何在具体的社会情境中对传播形成制约?

针对上坪村村民进行的问卷调查显示,电视、网络、身边的人推荐是他们接触和认知品牌的三大途径(见表2-1),而购物空间则是其与品牌产品实质接触的重要渠道。这些传播途径及其对消费者的具体影响,是笔者的主要观察对象。

表2-1 上坪村村民品牌接触渠道统计（$N=253$）

单位：人，%

品牌接触和了解渠道	选择人数	比例
报纸杂志	39	15.42
广播	12	4.74
电视	152	60.08
户外广告(墙体)	43	17.00
网络	161	63.64
身边的人推荐	117	46.25
看到别人买过	35	13.83
小卖部、超市、商场	25	9.88
上门推销	3	1.19

第一节　电视达成的消费欲望操控

在宣恩县电视收视开始发展的20世纪90年代，我国广播电视事业的产业化、市场化改革正在逐步深化。1992年党中央和国务院明确把广播电视列入第三产业的范畴。1996年江泽民指出："在市场经济条件下，新闻传媒既要宣传，又要经营。"[①] 1999年，国务院明确了广播电视产业的性质和集团化的道路。党的十六大提出了改革文化体制，广播电视被明确列为文化产业的重要组成部分。此后，电视传媒的产业属性开始得到认可，媒体的经济力量也日益彰显。

从20世纪80年代开始，市场在我国广播电视体制中有了合法地位。20世纪90年代中后期，大多数广电媒体开始实行独立核算、自主经营。越来越多的广电媒体以市场为导向，对原有资源进行重组和整合，实行集团化和市场化。从资金来源看，在我国媒介体制改革30年中，广播电视媒体经历了从依赖政府财政投入到以广告、发行或经营其他产业为主要收入，再到开始尝试与资本联姻三个发展阶段。

客观来说，广播电视媒体的产业化和市场化促进了消费主义的传播。产业化、市场化运作模式下的大众媒体的主要利润来自广告收入，大众媒体成为商品生产销售的较为关键一环，商业广告成为媒体的命脉，消费主义得以大肆传播。同时，市场化、产业化的经营模式也会导致媒体本身产生消费主义倾向。为吸引受众，"眼球经济"成为媒体内容生产的主导逻辑之一，新闻、电视剧、综艺节目等各种电视节目开始出现消费主义倾向。

通过观察和访谈，笔者认为，电视媒体主要通过以下几种效应对上坪村村民的品牌消费观念和行为方式产生影响。

---

① 丁柏铨：《政党执政规律、大众传媒运行规律：实际内涵、作用层面及相互关系探讨》，《杭州师范大学学报》（社会科学版）2009年第6期，第21~27页。

一 因镜像效应而产生品牌欲购情结

精神分析学家拉康提出的"镜像理论"认为，主体通过"镜中自我"确定自己的身份，从而完成真实身体认同"镜中自我"的身份确定过程。① 在拉康的描述中，主体不等于自我，而是自我形成过程中建构的产物，主体建构过程正是把自我想象成为他者，把他者指认为自我的过程。拉康认为，欲望是主体与他者关系的首要特征，欲望出自匮乏，出自人类生存意义的缺失。②

受众看电视，与拉康所指婴儿镜像阶段的面对镜子的凝视极其相似。在拉康看来，眼睛既是一种欲望器官，又是被充分象征秩序化的器官。在凝视的时候，我们同时携带了自我的欲望。凝视使我们在某种程度上逃离象征秩序而进入想象关系之中。③ 当人们面对电视屏幕的时候，通过凝视进入了想象，很容易把自己类同于某个角色。匮乏的欲望使自我被他者的欲望控制，把他者想象指认为自我。

笔者认为，拉康所指的"匮乏"，是上坪村村民消费欲望的发端。这种匮乏，既是物质的匮乏，也是"生存意义"的匮乏。人生在世，必须有某种使人与其环境相协调的"意义系统"作为支撑。如丹尼尔·贝尔所说："每个社会都想要建立一套人们靠之能将自己与世界联系起来的'意义系统'。意义的丧失会造成一系列理解的缺乏，迫使他们尽快地去寻求新的意义，以免只剩下虚无感或空虚感。"④ 王宁认为，传统社会的宗教是这一类"意义系统"最典型的体现。⑤

随着乡村传统社会向现代社会的转型，传统乡土社会的宗教、文化及农

---

① 拉康：《拉康选集》，褚孝泉译，上海三联书店，2001，第330~345页。
② 赵一凡：《从胡塞尔到德里达：西方文论讲稿》，生活·读书·新知三联书店，2007，第331页。
③ 戴锦华：《电影理论与批评》，北京大学出版社，2007，第183页。
④ 丹尼尔·贝尔：《资本主义文化矛盾》，严蓓雯译，江苏人民出版社，2007，第155页。
⑤ 王宁：《从节俭主义到消费主义转型的文化逻辑》，《兰州大学学报》（社会科学版）2010年第3期，第14~22页。

业生产，都不再能够完全提供与改革开放后逐渐市场化的社会环境相协调的"意义系统"，进而造成了农民"生存意义"的匮乏。新中国成立以后，为了发展生产力，实现丰衣足食，我国农村通过个体农业的社会主义改造，迅速地实现了农业集体化。农村通过组织互助、合作化运动，实现了农业集体化的历史性社会变革。

集体化时期的20多年，农民从靠天吃饭变为自己掌握命运，人们抱团取暖，增强了抗击自然的能力，提升了农业生产的可靠性。这一时期，农民从集体劳动中找到了"生存意义"，"劳动光荣、浪费可耻"的观念得到农民们的普遍认同。在上坪村，据老人们回忆，集体化时期，比的是谁农活做得好、劳动得好，穿补丁衣服也不觉得丢丑，"新三年，旧三年，缝缝补补又三年"是当时生活的生动写照。但是，随着市场经济和物质丰裕时代的到来，集体生产劳动所供给的"生存意义"逐渐消失，而农村物质的相对匮乏和集体劳动的不复存在，带来的是村民物质与"生存意义"的双重匮乏。这时，电视进入了村民的日常生活，双重匮乏让村民在电视带来的丰富物质镜像中沉迷，开始"凝视"电视屏幕中流淌的消费主义镜像，进而将自我与电视镜像中的他者联系起来，欲望着他者的欲望，抛开真实的自我，建构出新的主体。

在与上坪村村民无数次的交谈中，笔者发现，电视中的各种品牌和商品，及电视内容中的消费主义景观，成为他们建立自我认知的"镜子"。电视为他们创造了一个虚幻的世界，李普曼称其为"拟态环境"，鲍德里亚称其为"模拟社会"或者"超现实"，德波称其为"景观社会"。

"我喜欢看生活片，喜欢看帅哥靓女，像《我的前半生》《欢乐颂》这些，我觉得她们的生活好有意思，和我们大不相同。还有综艺节目我也喜欢看，像《奔跑吧兄弟》、《王牌对王牌》、相亲节目啊，我都喜欢看，我觉得搞笑，看起来轻松。"

——ZSL，37岁，家庭主妇

4岁的ZMT喜欢看《熊出没》《喜羊羊与灰太狼》等动画片，为了不让她到处跑，只要她在家，她的爷爷奶奶基本上都将电视调到少儿频道看动画片。

生活片、综艺节目是女性村民的爱好，她们对当红明星就如同对身边的朋友一样熟悉，留守孩子则沉浸在动画世界不能自拔，男性村民则更多观看《新闻联播》、体育比赛等电视内容，农业节目与村里的生产实际似乎相差比较远，关注的人并不多。生活片、娱乐节目、少儿节目等节目内容是当下电视媒体消费主义倾向最明显的内容，是村民们"凝视"的"电视镜像"。这无疑会对人的物质欲望产生强烈的刺激，并产生物质化的自我认同倾向。这样的倾向使人们总是处于一种"欲购情结"中，欲望超越了"必需"的水平，人不断追求被刺激的虚假欲望的满足。虽然这种欲望因经济条件的限制，无法全部实现，但村民们对品牌商品的渴望、对享乐主义的向往、对大众流行的追逐，无一不告诉我们电视消费主义镜像对品牌消费欲望的强大操控作用。

二 因框架效应而被品牌广告劝服

框架效应被广泛地应用于劝服传播的相关研究中，被认为是影响个人决策行为的重要因素。所谓框架效应，指对同一决策问题在采用等价信息描述的基础上产生不同决策偏好的现象。[①] 广告信息中的不同表达方式会对消费者的消费选择产生影响，进而产生"框架效应"。对于信息框架的类型，Hallahan归纳了7种通用框架：情景框架、属性框架、选择框架、行动框架、问题框架、责任框架、新闻框架。[②] 同时，McQuarrie和Mick提出框架策略涉及广告的信息表达和形式，比广告本身的信息内容更重要。[③] 在本研究中，笔者主要从电视广告的属性框架、目标框架和框架策略三个方面，观

---

① 刘扬、孙彦：《行为决策中框架效应研究新思路——从风险决策到跨期决策，从言语框架到图形框架》，《心理科学进展》2014年第8期，第1205~1217页。

② Hallahan, k., "Seven Models of Framing: Implications for Public Relations," *Journal of Public Relations Research* 11 (3) (1999): 205-242.

③ McQuarrie, E. F. and Mick, D. G., "Figures of Rhetoric in Advertising Language," *Journal of Consumer Research* 22 (4) (1996): 424-428.

察电视广告对上坪村消费者的影响。

属性框架是消费者行为研究中最为基本的一个框架形式，在真实的市场销售环境中，品牌传播者将其称为"产品定位"。那么，什么样的产品定位会影响村民的消费选择呢？笔者发现，那些定位与村民日常生活紧密相关的品牌和产品，比较受村民青睐。

以洗衣粉和洗洁精为例，上坪村村民们常用的洗衣粉和洗洁精品牌是汰渍、立白、雕牌。这几个品牌的定位一直与老百姓的生活息息相关，都强调洗得干净的特性，这与村民清洗衣物的要求和习惯非常相符。上坪村2009年才通自来水，在这之前一直是用井水清洗衣物，村里近200户人家只有7口井，其中3口井可用于洗衣，到冬天干旱时常常缺水，无法洗衣。据村民们回忆，没有自来水的时候，去井边洗衣服，大家都要早起床，争着占上游的位置，免得用别人用过流下来的水，早上去挑水都要排队。搞农业生产难免衣物比较脏，如果哪家大人和孩子衣服穿得干净，没有污渍和泥巴，这家的女主人就会被街坊邻居称赞能干。因此，将衣物洗干净，是村民们长时间以来形成的衣物洗涤标准。这些洗衣粉品牌将产品定位于"洗得干净"，十分符合村民的生活习惯。洗洁精也一样，上坪村人饮食重油重盐重辣，炒菜油比较重，认为油放得多才好吃，因此，洗洁精对餐具油渍的清洁效果，是村里的主妇们看重的。同时，年轻一些的女性村民也开始有了护肤的观念，"不伤手"的产品，受到她们的欢迎。

目标框架主要聚焦于框架信息是采取某种与产品相关的行动后带来的后果，多为两种呈现方式，强调有利结果或者不利后果，即积极目标与消极目标。①

笔者发现，电视广告的积极目标框架对村民的影响更明显一些。村民ZMZ因照顾两个孩子未外出务工，笔者与其交谈时，发现她在个人护肤产品的使用上较为节俭，但却使用一种较高档的国产洗发水品牌——滋源，相

---

① Levin, I. P., Schneider, S. L., and Gaeth, G. J., "All Frames Are Not Created Equal: A Typology and Critical Analysis of Framing Effects," *Organizational Behavior and Human Decision Processes* 76 (2) (1998): 149-188.

对来说，这种洗发水的价格偏高。她告诉笔者，她在电视广告上看到这种洗发水可以防脱发，价格也可以承受，所以就买了，以前一直用海飞丝，觉得不行，这个虽然有点贵，但洗了的确有点效果。村民 ZGU 属于村里的贫困户，笔者发现，他使用的是价格较高的云南白药品牌的牙膏。他告诉笔者，电视上说云南白药的牙膏好，洗了牙齿不出血，防脱落，他就买了，他牙齿不行，再不用这个牙齿要掉光了。村民 ZGN 是农村退休教师，他告诉笔者，他用的牙膏是德国产的，他看到电视上说用了可以把牙齿洗白，所以就打了屏幕上的订购电话购买，四盒一共 198 元，拿货的时候交钱。让笔者惊讶的是，村民 ZGN 说自己不怎么刷牙，一盒牙膏要用很久才用完，电视购物广告中德国牙膏的积极目标框架，对村民 ZGN 起到了劝服的作用。因此，总的来看，笔者认为，"买什么东西能有什么作用"的积极目标框架，比"不买什么就不能怎么样"的消极目标框架，更适合物质欲望正蓬勃生长的上坪村村民。他们正渴望尝试新的商品和品牌带来的不一样的物质生活体验，对消费带来的不良后果的考虑还并未充分展现。

框架策略是指一种广告结构特征和信息建构的策略。Boller 和 Olson 将这种策略定义为"广告呈现形式"①，Peracchio 和 Meyers-Levy 将其称为"广告执行策略"②，Escalas 等学者将其称为"广告结构"③。

笔者认为，重复与叙事是对上坪村村民劝服效果较为明显的两种电视广告框架策略。

一是重复。重复播放是电视广告的重要特征之一，同样框架的广告不断重复，是广告有效的劝服手段。对上坪村村民而言，其对于大牌与杂牌的分辨、什么人用什么牌子的认识、品牌特性的了解，深受电视广告重复播放的影响。村民们对海飞丝、飘柔、立白、OPPO、vivo 的熟悉，与电视广告年

---

① Boller, G. W. and Olson, J. C., "Experiencing ad Meanings: Crucial Aspects of Narrative/Drama Processing," *Advances in Consumer Research* 2 (1991): 172-175.
② Peracchio, L. A. and Meyers-Levy, J., "Evaluating Persuasion-Enhancing Techniques from a Resource-Matching Perspective," *Journal of Consumer Research* 24 (2) (1997): 178-191.
③ Escalas, J. E., Moore, M. C., and Britton, J. E., "Fishing for Feelings? Hooking Viewers Helps!" *Journal of Consumer Psychology Research* 14 (1) (2004): 105-114.

复一年、日复一日地轮番播放不无关系。他们认为，电视上天天放广告的就是大牌，其他都是杂牌。沙道沟镇一位家电经销商告诉笔者："电视上广告多的牌子好卖些，像海尔、格力、美的这些都好卖。你看我店里，三洋也是不错的牌子，但电视上没打广告，农民不认，卖不动。"同时，重复的广告播放也让村民们对什么牌子该什么人用有了比较明确的区分。例如，大部分村民都知道电视广告中看到的奔驰、宝马、奥迪是好车甚至是豪车，但也都经常自嘲，"那不是我们这些人用的"。村民HWH买了爱玛电动车，当笔者问其为何选择爱玛时，他表示，电视上天天说爱玛，自己走到店里，其他牌子都没听说过，就买了爱玛。

二是叙事。叙事和说理是常用的两种广告框架策略，前者通常通过讲故事等形式来呈现，后者常提供产品的基本属性信息。相对而言，贴近日常生活情境的感性叙事，比完全诉诸产品数据和特征的说理，对上坪村村民更具劝服性。以可口可乐和红罐王老吉为例，二者广告中贴近中国人日常生活的喜庆情境的诠释，使得其成为上坪村村民们节庆仪式餐桌上最常见的饮品。而村民们普遍相对较低的文化程度，也让诉诸产品特性和数据的说理性劝服难以得到广泛认可。

三　因涵化效应而认同向往城市消费

文化涵化（Acculturation）是指两个或两个以上不同文化体系间持续接触、传播、采借和影响而造成的一方或者双方大规模文化变异，是一种温和的、渐进的文化认同过程。文化涵化研究的是发生在异文化之间横向的传播现象，目的是把握文化的变迁性和差异性。[①]

电视传播的文化涵化作用，在一定程度上帮助上坪村村民进行了城市消费文化适应。国家的广播电视"村村通"工程推进了乡村卫星电视收视的发展，让电视真正走进了农民的日常生活。"村村通"和卫星电视首先"通"了中央和省台的广播电视节目，城乡在电视收视内容上的统一性更

---

① 蒋立松主编《文化人类学概论》，西南师范大学出版社，2008，第125~130页。

强。根据笔者的亲身经历，在2007年以后，笔者多次去上坪村走亲戚，看到的电视频道和内容与城市已几乎没有差别。现在，上坪村虽然能收到30多个频道，但其中绝大多数都是央视及各大省级卫视，电视内容与城市同质化程度非常高。而城乡统一的以城市文化为主导的电视内容，如电视剧、综艺节目、动画片等，让村民在不自觉中形成了一定程度上的城市文化认同。

很多村民走出大山到外面看看的愿望，都是源于看电视对城市产生的想象。

"我原来特别喜欢一个电视剧叫《杜拉拉升职记》，就是那个瘦瘦的、有点黑的女演员演的，讲的是一个普通女孩哪门（方言，怎么的意思）升职的。我当时觉得他们的衣服和办公室特别舒服，还有他们家里，装修得很讲究，到处都干干净净的，不像我们农村，到处都是泥巴。早上都是吃面包、喝牛奶，还经常去咖啡厅，那时候就想，我以后出去打工也要到咖啡厅喝咖啡。"

——YQ，28岁，务工

"我在电视里看到麦当劳、肯德基的广告，那个汉堡包一层一层的，好像好吃得很。我出来打工，第一个星期天就和老乡约到一起去吃麦当劳，进去一看，那个环境和电视里真的一模一样，一点儿灰都没得，香味飘起老远，不过汉堡好像没得电视里说的那么好吃，我们都不大吃得惯。"

——ZEH，27岁，美甲师

通过看电视，村民们对城市文化和消费方式有了一定程度的了解和熟悉，甚至对用普通话交流也不感到陌生，这使得新生代农民工与第一代外出打工的农民工有了很大的区别。据第一代农民工ZGM介绍，他们最初去广州打工，工资一元一个小时，喝口水都舍不得，普通话也讲不好，打的都是下傻力气的工,生活非常艰苦,钱都是一分一分攒出来。现在,笔者通过外出务工村民的微信朋友圈,看到了他们在城市生活的侧面,逛商业街、唱KTV、吃大排档和消夜,新生代的务工村民对城市生活方式已经没有了太多的陌生感。电视的城市品牌消费图景,形成了村民对城市的最初印象,也触发了村民对城市美好生活的向往与追逐。

第二节 新媒介赋权与去权的相伴发生

"赋权"一词最早出现在20世纪60~70年代的西方社会科学的话题之中,后来在社会学、心理学、政治学、传播学等领域得到广泛应用。"赋权"与"弱者"有着天然的联系,"弱者"构成了赋权的主要对象,"弱者"群体既包括边缘个体,也包括社会体系中较少被人关注的对象。《社会工作词典》将"赋权"界定为:"帮助个体、家庭、团体或社区提高参与社会经济与政治的能力,通过唤醒他们的权力意识,促进他们积极投身公共事务中,以此达到改善命运、优化外部环境的目的。"[①] 也有学者指出,"赋权就是赋予人权力,权力包括各种各样的资源、权威以及能力等。"[②] 还有学者借助社会个体权力研究的视角,将消费者权力定义为:消费者在其所处的商业关系中,对其他成员和组织决策的一系列控制、影响能力的总和。他们还将消费者权力分为奖惩权力、法定权力、信息权力三种基本类型。[③] 美国社会心理学家约翰·弗伦奇和伯特伦·雷文认为,奖惩权力是基于给予正面有利结果或去除负面不利结果所带来的力量,法定权力是指通过选举或任命而担当一定职位所得到的行为力量,信息权力是对某种他人必需的、重要信

---

① 师曾志、金锦萍编著《新媒介赋权:国家与社会的协同演进》,社会科学文献出版社,2013,第33页。
② 王英、谭琳:《赋权增能:中国老年教育的发展与反思》,《人口学刊》2011年第1期,第32~41页。
③ 奚路阳、程明:《主体性地位回归:消费者增权及其实现路径》,《商业经济研究》2018年第2期,第21~23页。

息的控制权力。①

在传统的大众传播环境下,消费者在权力结构中是消极被动的,甚至是被操控的。随着新媒介带来巨大传播变革,消费者赋权已经成为一种可能与现实。但是,新媒介对农村消费者的影响并不总是赋权,赋权与去权的过程常常相伴发生于村民的消费生活中。新媒介对农村消费者的影响不仅是一个单向的正面赋权过程,还存在伤害农村消费者主体性增长的去权过程。

在以移动互联网技术为表征的信息时代,营销活动赖以存在的环境已然发生根本性的变革,在自由化的竞争市场、充分的信息供给与外部制度性供给等多种因素共同作用下,消费者赋权是显而易见的过程。就其赋权来源或类型来看,主要存在两种模式,即外部赋权模式与自我赋权模式,在外部赋权模式中,消费者作为赋权的受体而存在,在自我赋权模式中,消费者作为赋权的主体存在。② 这两种赋权模式,在新媒介对上坪村消费者影响的过程中均发生了作用。

一 信息供给和企业权力让渡形成外部消费赋权

外部赋权主要通过信息供给和企业权力让渡两种机制发生作用。

首先,品牌产品和信息供给的增加形成了对消费者的外部赋权。2017年中国农村网络零售额达12448.8亿元,首次突破万亿元大关,同比增长39.1%。③ 网络购物平台的发展,增加了消费产品及消费信息的供给,城乡传统消费供给的差距在网络消费供给中大大缩小,不论是城市还是农村的消费者,都可以在网络购物平台购买到商品,通过网络,以前只能在城市消费市场买到的商品,现在没有了地域的限制,以前只有城市消费者能了解的消费信息,现在农村消费者也能接触。

---

① French, J. R. P. and Raven, B. H., "The Bases of Social Power," in Cartwright, D., *Studies in Social Power* (Michigan, Ann Arbor: The University of Michigan Press, 1959), pp. 150-167.
② 奚路阳、程明:《主体性地位回归:消费者增权及其实现路径》,《商业经济研究》2018年第2期,第21~23页。
③ 《2017年度中国农村电商发展报告》,网经社,2018年5月29日,http://www.100ec.cn/zt/17ncds/。

随着移动互联网的发展和智能手机的普及，上坪村村民对网络购物也逐渐熟悉起来，淘宝、天猫、京东、唯品会是村民们最常用的网购平台（见表2-2）。上坪村村民会从网上购买各种商品，包括家用电器、日用百货、食品、服装等，其中服装是网购占比较大的商品类型。问及网购原因，大部分人表示，价格便宜、购买方便、选择多样是最主要的原因。相比较而言，流动村民与非流动村民的网购呈现较大的发展差距。

表2-2 上坪村村民常用的网购平台统计（$N=253$）

单位：人次，%

网购平台	选择人次	所占比例
天　猫	117	46.25
淘　宝	163	64.43
唯品会	53	20.95
苏宁易购	2	0.79
京　东	92	36.36
拼多多	44	17.39
云集、达令家等社交店	9	3.56
其　他	11	4.35
从不网购	20	7.91

对于在外务工的村民来说，网购成了他们日常生活中最常用的购物方式。村民KMR和妻子一同在浙江务工，孩子也跟随夫妻俩在浙江上学。他表示，"我们现在买东西基本上都是在网上买，不管吃的、穿的、用的，网上么子（方言，什么的意思）都有，东西又便宜又好，随便你选，在浙江，送货快得很，一般一两天就到了。"

很多在外务工的村民，会通过网购的方式，将商品直接寄给在家留守的父母和孩子。2018年的"双十一"期间，在广州务工的村民YQ就在淘宝上给在家的父母每人抢了一双红蜻蜓的皮鞋，给女儿买了一双保暖棉鞋和两件棉衣，一共花了400多元，都直接快递寄回老家。她告诉笔者，父母一般都舍不得买品牌皮鞋，"双十一"价格很划算，就给他们一人买了一双，女儿的鞋和衣服一般都是她在网上买了寄回去，不然父母买的都比较土。

根据问卷调查结果，非流动村民中，不网购的村民约占30%。不会网购的村民，知道网上的东西价格便宜些，有时会让儿女或者邻居亲戚帮忙，买自己需要的商品。小卖店店主HXJ告诉笔者，她家的电视机和洗衣机都是让她侄女在网上帮她买的，都是海尔的，便宜了好几百元，非常划算。

可见，产品和信息供给的增加，为村民们带来了新的购物方式。村民们通过网络购物平台，可以了解和掌握商品信息以及购买各种品牌和型号的商品，消费者的选择权大大增加，商业链条中的信息已不再完全掌控在企业手中，企业与消费者之间信息的不平衡现象得以消解。

其次，企业权力让渡让消费者的法定权力有所增加。消费者法定权力，笔者将其理解为，在品牌营销传播体系中由卖方市场为买方市场带来的消费者主体性地位的回归。在新媒体环境中，随着品牌营销传播模式的不断变革，消费者主体地位的合法性得到了普遍的认可。传统营销的4C理论就是以消费者需求为导向的，整合营销传播理论亦希望消费者在各个触点能接受来自企业的统一的传播资讯，基于新媒体环境提出的SIVA（S代表Solutions，即解决方案；I代表Information，即信息；V代表Value，即价值；A代表Access，即入口）模式，更是直指新媒体环境下以消费者为中心的品牌关系重塑，消费者的主体地位在品牌营销模式的研究中不断被强化。在新媒体环境中，市场竞争日趋激烈，品牌与消费者之间的互动增强，企业营销战略更多地将消费者参与考虑在内，主动将营销传播中的权力让渡给消费者。消费者不再处于品牌营销传播链条的末端，而是可以参与到品牌营销传播的各个环节中去。对于上坪村村民而言，能获得实惠的网络营销活动的参与，他们是愿意的。

村民ZMZ告诉笔者，她每天都会在手机上参加中国移动App上的"签到领流量"活动。她说："现在的人都喜欢玩手机，要流量，这个每天点下又不麻烦，我基本上天天都签到，月底还可以抽流量，我上个月就抽到了2G的流量。"

在支付宝通过互扫红包推广其网络信用金融产品"花呗"期间，笔者在沙道沟镇上的超市看到，大部分使用手机支付的顾客在收银员引导下，都愿意扫码领一个红包后再支付账单，用他们的话说则是：不领白不领，反正又不费好多力。

同时，电子商务的售后制度也改变了传统的商品流通模式，为消费者赋权。2014年3月15日，我国正式实施的新《消费者权益保护法》规定，除特殊商品外，网购商品在到货之日起7日内无理由退货。对于"7天无理由退换货"的制度，大部分的在城里务工的流动村民表示，自己经常在网购中退换货，在城里退货非常方便，快递员可以上门来取，钱也很快退回到账户里。而对于非流动村民来说，由于物流的影响，退换货还不太方便，有时候买到了不合适的商品也就算了，这在一定程度上影响了非流动村民网购的热情。

类似这样签到领流量、扫码领红包、七天退换等激励消费者的网络营销活动，让消费者能够参与到品牌主发起的互动营销活动中，从客观上看，是企业通过权力让渡的方式，将一部分营销过程中的权力转移给消费者，形成的消费外部赋权。

二 参与和互动实现品牌消费自我赋权

网络"作为权力源和影响源，具有给个人和集团赋权的离奇能力。"① 互联网带来了广泛的互动与参与，受众通过新媒体的互动与参与实现自我赋权，最终分享传统意义上的"传者"所掌控的文化权力。在传播新技术和形态的驱动下，受众的自我赋权及其赋权模式不断扩张和发展，形成了更大范围的自我赋权。赋权虽然一般被定义成"给予权力或权威；给予能力；使能，给机会"，但管理学家奎因·米勒亦指出："赋权意味着被赋权的人有很大程度的自主权和独立性"。② 主动参与与互动，成为互联网时代消费者自我赋权实现的主要方式。在上坪村，这种主动性的发生，主要表现在如

---

① 蔡文之：《网络：21世纪的权力与挑战》，上海人民出版社，2007，第91页。
② 者贵昌：《授权管理和赋权管理的比较分析及发展趋势》，《改革与战略》2004年第2期，第90~92页。

下两个方面。

第一，通过参与式生产打破由"传者"垄断消费文化生产的传统格局。

近年来，新兴的以抖音、快手等为代表的短视频生产平台，成为受众自我赋权，并进行大众消费文化生产的主要阵地之一。在上坪村，抖音是最受年轻村民喜爱的娱乐休闲平台之一。年轻的流动村民是抖音主要的使用群体。在消费上，笔者发现，观看、模仿、体验、生产是村民通过短视频参与与互动进行文化生产的路径。

观看是村民短视频参与的第一步。这种观看不同于传统的电视观看，是一种参与式的观看，观看的内容与方式都发生了变化。莱文森认为，旧媒介为"按约定运行的媒介"，受众更多是被动的"观看"。[①] 而在短视频的观看中，互动和参与大大提升了受众的主动性。在内容上，抖音以草根创作的原生视频与网红明星的流量视频为主，时长大多在15秒以内，与电视媒体生产的专业内容有着很大的差异。在抖音的操作界面，用户切换短视频内容的方式十分简单，上下划动手机屏幕就可以完成，对于自己不感兴趣的内容，可以长按屏幕并将其标为不喜欢，对于自己喜欢的内容，可以双击屏幕点赞。简单的界面极大地提升了用户观看的互动性和参与性，降低了参与的难度。春节是流动村民返乡的高峰期，笔者发现，打牌和看抖音是很多流动村民打发时间的主要方式。在春节期间，笔者屡次看到年轻的妈妈带着孩子一起刷抖音的场景，大家一起看得哈哈大家，似乎其乐融融。在镇上开化妆品店的ZXM告诉笔者，她关注了很多网红的抖音账号，学习美妆，掌握化妆品潮流，她自己做这一行，要关注流行才可以。幼儿园的保育员ZMZ表示，她也喜欢看抖音，主要是看一些搞笑的，还喜欢看一些网红的编发教程。在幼儿园做保育员的她，每日要给小朋友梳头，所以会通过抖音进行学习。在县城理发店工作的村民WB说，他喜欢在抖音上看各种旅行达人的短视频，对各种网红旅行地和美食十分向往。

模仿、体验并生产是短视频参与的第二步。短视频中贴近日常生活情境

---

① 保罗·莱文森：《新新媒介》（第二版），何道宽译，复旦大学出版社，2014，第42页。

的"草根"文化风格，让观看的村民们开始模仿和体验视频中的内容，由于抖音操作的简单便利，短视频内容生产变得十分容易。以上文提到的两位村民为例，开化妆品店的 ZXM 经常发布自己拍摄的抖音短视频，这些短视频，要么是模仿抖音流行的搞笑视频，要么纯粹是模仿美妆网红的表情与动作，并配上抖音流行的音乐，参与热情非常高。她还喜欢在微信朋友圈发自己美颜后的照片，照片上清一色的网红妆容，大红唇、粗眼线，加上其本身姣好的面容，在笔者看来，与网红明星的脸似乎别无二致。务工村民 WB，专门在 2018 年国庆假期邀朋友一起去重庆游玩，吃火锅、酸辣粉，逛洪崖洞、解放碑，笔者在他的微信朋友圈，亦看到其拍摄的短视频和照片，并配文"重庆，我们来啦！"

在短视频互动和参与中，村民们通过观看、模仿、体验进行的大众消费文化的参与式生产，对抗了传统大众媒体"传者"垄断的文化生产，亦完成了自我赋权。正是类似于 ZXM 和 WB 这样的草根网民，通过自己的模仿和体验，进行了大量的短视频生产，抖音所代表的草根消费文化，才有了如此强大的影响力。受众为主体的草根消费文化生产，打破了被大品牌和大媒体垄断的品牌消费，话语权向更多元的品牌和品牌使用者转移，让更多的品牌和商品得以参与大众消费文化的建构过程。从这个层面看，我们可将村民的短视频参与视为新媒体环境中乡村消费者主体性的回归。

第二，通过参与和互动降低信息获得成本、提升信息交换效率。

学者舒咏平认为，新媒体时代，广告传播模式从"信息邂逅"转变为"搜索满足"，"搜索满足"是视受众为主动的即消费者出于消费信息的需要，认为消费者不再只是被动、无意识地接受广告信息，而是主动进行搜索，且在搜索中不断比较、求证，以满足消费决策的信息需求。[①] 由此可见，消费者主动的信息搜索、比较的过程，亦是其主动性和自主性提升的过程。通过搜索，消费者获得信息的成本降低，信息交换的效率提高。

由于智能手机的普遍应用，上坪村的村民在网络购物中都会先搜一搜，

---

① 舒咏平、鲍立泉主编《新媒体广告》（第二版），高等教育出版社，2016，第 15 页。

采用"搜索满足"的模式来获取各类商品和品牌信息。在宣恩县城做美容师的村民 PXF 告诉笔者，2018 年"双十一"之前，她想买一床羽绒被，她提前在京东、唯品会、天猫上进行了品牌和价格的比较，发现京东提前做的活动最划算，随便凑三样就可以打七折，于是她在京东买了波司登品牌的羽绒被和两个枕套，一共 900 多元，比平时节约了 100 多元。

"我现在买东西，都是先到网上搜一搜，看下网上别个的评论，有时候买东西，不到网上搜下，总觉得不放心，怕吃亏。同样的东西，有时候网上比街上便宜一半，要是上不来网，那不晓得要上好多当。"

——PXF，31 岁，美容师

通过比较，可以了解别人消费的感受、评价，从而使得信息交换的效率得到提升。在广州打工的村民 YQ 同样认为，买东西时多在网上比较、多看评价就不会吃亏。

"我在网上买东西的时候，要看评价。我也晓得有些评价是假的，但是我还是要看下才放心。以往不在网上买东西都晓得货比三家，现在在网上更方便哒。"

——YQ，28 岁，务工

在新媒体营销环境中，消费者可以自由地发布对商品或服务的评价、分享各种品牌消费的体验、浏览其他消费者对于品牌和商品的评价，而这种口碑又会再次扩散，形成网络口碑，消费者的奖惩权力随之扩大。消费者在发表评论和参考评论进行消费决策的过程中，个体的主动性得到了提升和发展。

同时，上坪村消费者还会根据自己的实际情况，进行电商平台的选择。电商平台的定位不太相同，有的偏重低价，有的偏重名品，有的偏重家电，村民们会根据自己的喜好来选择不同的电商平台。相对而言，商品价格较低的电商平台比较受村民的青睐，在与村民们聊天时，他们经常会提到拼多多，觉得上面的商品的价格比较实惠。笔者曾向村民 ZMZ 推荐以品牌折扣商品为主的唯品会，她却认为唯品会商品太贵，还是拼多多和淘宝比较好用一些。

新媒体的普及和使用，逐步实现了对上坪村消费者的赋权，外部赋权与内部赋权相结合的机制，既为消费者赋权的实现提供了外部环境，又激发了其内生动力，二者共同促成了乡村消费者的主体性提升。

三 新媒介素养不足导致村民分化去权

所谓去权，就是失去原有的权力。[①] 对于信息供给对消费者的赋权，部分西方学者提出了一些怀疑，他们认为，信息供给的确可以为消费者赋权，但可能不是一种可持续性的赋权，如果没有批判性的消费者教育，可能会让消费者失去原有的权力。[②] 所以，对通过信息供给为消费者赋权的期待不可过高，还必须有一系列的消费政策来配合。[③]

媒介素养教育和赋权有着紧密的联系。媒介素养即"人们面对媒体各种信息时的选择、理解、质疑、评估、创造和生产能力以及思辨的反应能力"。[④] 而媒介素养教育就是培养这种能力的教育实践活动。英国媒介素养教育先驱莱恩·马斯特曼认为，媒介素养教育的主要任务是培养公众对媒介负面功能的觉醒和反省能力。[⑤] 在自媒体语境下，赋权成为媒介素养教育的核心，赋权式媒介素养教育以质疑为基础，以建构为导向，以完善公共生活为目标，旨在提升公众的行动力。[⑥] 可见，学者们一致认为，媒介素养教育

[①] 王宁：《消费者增权还是消费者去权——中国城市宏观消费模式转型的重新审视》，《中山大学学报》（社会科学版）2006 年第 6 期，第 100~106 页。

[②] McGregor, S., "Sustainable Consumer Empowerment Through Critical Consumer Education: A Typology of Consumer Education Approaches," *International Journal of Consumer Studies* 29 (5) (2005): 437-447.

[③] Howells, G., "The Potential and Limits of Consumer Empowerment by Information," *Journal of Law and Society* 32 (3) (2005): 349-370.

[④] 张开：《媒体素养教育在信息时代》，《现代传播》2003 年第 1 期，第 116~118 页。

[⑤] "Canadian Association of Media Education Organizations," Retrieved October 11, 2006, http://interact.uoregon.edu/MediaLit/CAMEO/index.html.

[⑥] 闫方洁：《从"释放"到"赋权"：自媒体语境下媒介素养教育理念的嬗变》，《现代传播》（中国传媒大学学报）2015 年第 7 期，第 147~150 页。

是赋权的重要方式。

因此，信息供给对消费者的赋权，也有可能因为媒介素养教育不足，导致媒介素养缺失，让消费者失去原有的权力。在新媒介通过信息供给为村民消费赋权的同时，一些村民常常会因为媒介素养的缺失，失去信息供给带来的权力，从而形成一部分村民在新媒介使用中被赋权，另一部分村民在新媒介使用中被去权。

在新媒介的使用中，村民们因媒介素养不足形成的去权，主要表现为两点。

第一，批判性薄弱，不能善用海量信息。

在新媒体时代，消费主义的意识形态所鼓吹的自由主义消费话语，以一种更日常化的方式，潜移默化地承载其意识形态功能，通过去政治化和通俗化符号操控，从日常生活领域制造无限的消费欲望，实现消费的狂欢。而对于这些"带着能指的面具，隐藏在文字的后面，隐藏在自然的假象、伪善、服装或喜剧中"的消费主义符号[1]，一些村民往往缺乏批判性的认识，不知道如何利用好这些海量的信息。

例如，对于无处不在的新媒体定向广告，大部分上坪村村民并不知道是怎么回事，对手机上总是推荐与自己曾搜索过的东西有关的信息感到疑惑，只有少数文化水平较高的村民知道，这是"大数据"造成的。对推荐广告，村民们并没有特别排斥，更不会有触犯其个人隐私的担忧。

广告产业的平台化与过程的程序化最终指向效果导向的广告形态，行为定向广告就是其中之一。所谓行为定向广告，即利用计算机算法与技术，通过记录与分析用户访问、互动、搜索等网络行为数据，向用户主动推荐与其潜在兴趣相关广告信息的一种广告形态。

行为定向广告以效果为导向，具有强烈的工具理性特点，在广告运作过程中，大数据技术自动记录、识别消费者网络行为累积而成的数据，并为其

---

[1] 路易-让·卡尔韦：《结构与符号——罗兰·巴尔特传》，车槿山译，北京大学出版社，1997，第268页。

打上标签，计算机算法和技术通过行为数据挖掘消费者的潜在兴趣，并为之匹配和推送精准的广告信息，以达到最理想的广告效果。这一切都带有强烈的文化工业色彩，机械复制、程式化运作，人的欲望由技术挖掘并定义，精准的商品信息匹配和推荐，让消费者时时面临沦为"单向度的人"的危机。

在宣恩县城一家美发店做发型师的村民 LR 谈起这种定向广告，显得十分内行。他 17 岁就出来打工了，对一些互联网的新生事物，如网购、游戏、短视频等并不陌生。

"我晓得，现在都是大数据，只要你在网上一搜，就会给你推荐。我一般不看，除非特别想买么子，我就看下，买了以后就不会再看了。"

——LR，39 岁，发型师

村民 ZSL 自从结婚后，就一直在家带孩子。她不太了解网上的新东西，笔者对其进行了一番解释，告诉她定向广告是什么意思，她虽没太听懂，但也觉得好像是那么回事。

"你莫说，还真是像你说的，我喜欢在抖音上看别个吃东西，我的抖音里头就尽是别个搞吃的。我把子（方言，以为的意思）就是和电视里广告一样的哟。我们没管那些，推不推荐，个人买么子心里不晓得啊？买得起就买，不想买哪个推荐也没得用。"

——ZSL，37 岁，家庭主妇

大部分村民们并没有觉得自己受到了推荐广告的影响，但事实上，精准推送的潜移默化的影响是存在的。虽然 LR 告诉笔者，他很少注意这些推荐广告，但笔者也发现，没事的时候，他也会拿出手机打开淘宝页面搜搜看看，笔者提出看看他的淘宝购物车时，他爽快地答应了。笔者看到，他的购物车中，有染发剂、外套、运动鞋、耳机、辣酱、小龙虾等各类商品共计 16 件，他表示，不是都要买，只是先加入购物车看看。可见，推荐广告看似隐蔽但精准的需求匹配，难免会以"温水煮青蛙"的方式，刺激消费者的购买欲望。

第二，过于依赖，持续性地浏览和购物。

新媒体一方面给村民的生活带来了便利，另一方面却不自觉地使村民对手机越来越依赖，甘愿被制约，成了手机的傀儡。

例如，基于位置信息提供的品牌信息和服务，对于大部分使用智能手机的上坪村流动村民来说并不陌生。笔者看到，很多在城市务工的村民，对美团外卖、滴滴打车、找餐厅、发定位等新媒体应用使用得十分熟练。基于消费者日常生活习惯和环境进行的在线营销活动，也有热衷参与的村民，如转发抽奖、分享得红包、砍价、签到得积分等。在这些场景化的传播中，营销传播者基于日常情境提供信息及服务，让消费者感受到了前所未有的便捷与舒适，但是，与日常生活情境适配的服务及信息，也让消费者不知不觉地依赖上了手机，将消费者拉入了享乐的温床。

彭兰认为，移动传播的本质是基于场景的服务，是对场景（情境）的感知及信息（服务）的适配，空间与环境、实时状态、生活惯性、社交氛围是构成场景的四个基本要素。[①] 随着移动互联网时代的到来，如何感知消费者的日常生活情境、位置、惯习，进而在适当时候提供适当的信息与服务，是品牌传播达成更优效果的有效途径。于是，场景化的营销传播应运而生，成为移动互联时代的核心，"得场景者得天下"。

与场景化的品牌信息和服务有关的，是场景化的移动支付。随着在线生活方式的兴起，移动支付成为常见的购物支付方式，与之相伴而生的，就是网络信用金融产品，如蚂蚁花呗、京东白条、信用卡等。笔者在调查中，会听到一些村民抱怨，在网上买东西的时候不觉得，每次还账的时候才感觉到头疼。

在上坪村，村民们对移动支付的使用率也非常高（见表2-3）。笔者在上坪村的3个小卖店，均看到店主贴在柜台上的微信和支付宝的支付二维码，使用手机支付的村民比较多。

---

① 彭兰：《场景：移动时代媒体的新要素》，《新闻记者》2015年第3期，第20~27页。

表 2-3　上坪村村民购物支付方式统计（$N=253$）

单位：人，%

购物支付方式	人数	比例
手机支付	184	72.73
现金支付	56	22.13
刷卡支付	13	5.14

随着移动支付的兴起，各大电商平台都推出了自己的网络信用金融产品，如蚂蚁花呗、京东白条、唯品花等，消费者可以获得额度不等的信用借款用于购买该平台的商品，并可通过分期支付的方式进行。虽然这种信用借款额度不大，但申请非常容易，几乎每个人都可以申请，借款支付过程又融入消费者日常网络购物的过程中，大大增加了消费者的购买欲望。

笔者进行的问卷调查显示，超过 65% 的村民完全接受或看情况选择是否接受蚂蚁花呗、京东白条、信用卡等网络信用金融产品。蚂蚁花呗是村民网购时最常用的一种网络信用金融产品（见表 2-4）。

表 2-4　上坪村村民对网络信用金融产品的接受情况统计（$N=253$）

单位：人，%

接受情况	选择人数	所占比例
完全接受	101	39.92
不接受	88	34.78
看情况	64	25.30

"我经常用的是蚂蚁花呗，主要是一开始网购就接触的是淘宝，用习惯了，想要买么子，手机一搜就买了，就像用的不是自己的钱。我经常用花呗，上个月还款发现消费了 3000 多（元），我自己都吓一跳。"

——WB，36 岁，务工

"花呗、白条这些东西又好又不好,我上个月想买个电烤火桌,天猫上一看要一千多(元),后来上京东查了一下,发现可以分六期付款,还免息,就动心了,考虑了两天,还是下单买了回来。"

——PXF,31岁,美容师

在使用在线信用支付时,这些村民明确感知到了自己膨胀的消费欲望,也试图克制自己的欲望,但无处不在的免息、无现金、我出钱你消费等赤裸裸的信用消费诱惑,还是将他们拉入习惯性的使用中,并形成一定依赖。

可见,在网络媒介对消费者进行赋权的过程中,去权可能同时存在。在乡村消费者的日常生活情境中,我们既可以从技术赋权的角度看到消费者权力的获得与增长,也可以在媒介素养不足的困境中看到部分消费者权力的失去,它们共同作用于品牌在乡村扩散的过程中。

第三节 乡村购物空间的规训与抵制

在现代营销传播理论与实践的探索中,购物空间一直被作为一种重要的媒介纳入营销传播网络的建构。从对单一售卖渠道的重视,到对消费空间整合性的把控,现代营销传播体系已经将触角深入消费者所在的每一个角落,形成了一套完整的空间营销传播模式。如何以空间为媒介,建立品牌与消费者之间的良性互动关系,达成更有效的营销传播效果,是营销传播者不断探索的问题。

列斐伏尔将关于空间的哲学讨论总结为四种代表性观点,并认为,空间作为一种中介或媒介,既是意识形态性和知识性的又是生产性的,空间不仅是一个抽象的、静止的逻辑结构或者资本的统治秩序,也是一个动态的、各方矛盾进行斗争的异质性实践过程。[①] "空间是政治性的、意识形态性的,

---

① 胡翼青、汪睿:《作为空间媒介的城市马拉松赛——以南京马拉松赛为例》,《湖南师范大学社会科学学报》2018年第4期,第127~134页。

它是一种完全充斥着意识形态的表现。空间的生产属于某些特定的团体,他们占有空间是为了管理它、利用它。"① 德·塞托则用场所和空间两个概念来区分空间的物理意义和社会意义,并认为"空间就是一个被实践的地点"。②

列斐伏尔等人的空间观,为我们讨论作为媒介的购物空间提供了基本的框架。将抽象或具象的空间作为一种媒介,让我们看到了景观、场所作为媒介传播信息的可能性。而对于嵌入日常生活场景的空间生产过程的分析,又让我们对空间生产中不同实践主体的矛盾斗争性有了基本认识。空间具有政治性、工具性、制度性,权力在空间中进行控制与管理,并非被规训者消极地驯服,行动者的能动性与社会结构相互渗透。

一 集市：传统交换场所与摊主品牌消费启蒙

集市在我国农村地区历史悠久,是在自然经济体系中自发形成的周期性市场,与我国自给自足的小农经济联系密切。集市是农村商品交换的起点,也是商品销售的终点,担负着农村生产资料和生活资料、农产品收购和交易的职能,同时还承担着社会交往、文化传承等重要的功能。黄宗智认为,集市是农村公共生活空间的集中体现。③ 在市场化的影响下,现代乡村集市既延续了传统交换场所的功能,又是村民品牌消费启蒙的地点。

上坪村村民习惯去的集市主要有两个,一个是位于现在沙道沟镇的沙道集市,距上坪村约13公里,另一个是位于上坪村南边不远的乐坪村的乐坪集市,距上坪村约2公里。

沙道集市是鹤峰、来凤、宣恩和湖南龙山四县边境的山货集散地,是宣恩县较繁荣的贸易乡场,集市街面宽约3米,呈"L"形,街长约250米。新中国成立前,这里商业较发达,四县边界的土特产都集中在这里待运外

---

① 亨利·列斐伏尔:《空间与政治》(第二版),李春译,上海人民出版社,2015,第24~40页。
② 米歇尔·德·塞托:《日常生活实践：1.实践的艺术》,方琳琳、黄春柳译,南京大学出版社,2015,第153页。
③ 黄宗智:《经验与理论：中国经济、社会与法律的实践历史研究》,中国人民大学出版社,2007,第17页。

地。来凤县的漆商、油商、山货客、布客；湘西一带的马帮、烟贩；鹤峰一带的脚力、背夫，都常集于此，街上到处是小商小贩、杂货铺、酒店和客栈，十分繁华。沙道沟镇不通公路时，从药铺村顺酉水河下来的小木船，是这里的主要交通工具。

20世纪80年代的沙道集市见图2-1。

图2-1　20世纪80年代的沙道集市

资料来源：湖北省宣恩县地名办公室编《湖北省宣恩县地名志》，1983，第350页。

乐坪集市在龙山、桑植、宣恩三县交界处，是土家族、苗族、彝族、壮族人民的集贸乡场，南临酉水，与湖南省龙山县三元公社隔河相望。据传，乐坪村原名锣鼓坪村，因村东有一形如锣鼓的山堡而得名。明朝永乐年间，湘西迁来几户土家族农民，在这里砍畲耕种，当年获得丰收，击鼓鸣锣，在草坪上跳起欢乐的摆手舞，取"永乐""欢乐"义，改称乐坪村。新中国成立前这里和沙道沟镇一样不通公路，来凤、龙山等县来的布客、米店老板，走酉水河水路，用船把在乐坪村收购的土特产、大米、生姜、鱼虾、瓜果、牲畜等货物运往来凤县，转销湘西的龙山、大庸等县。原来的集市是一条长约80米、宽约4米的黄泥路面的小街，街上100多人都是农商兼作户，全木结构的平房，设有杂货铺、栈行，住家户少，行商居多，逢场天特别热闹。乐坪集市老街的老建筑见图2-2。

图 2-2 乐坪集市老街的老建筑

资料来源：作者拍摄于 2018 年 7 月。

曾经繁华的乐坪集市，由于没有省道途经，现在还是以自由市场贸易为主，是上坪村村民日常农产品买卖的主要场所。以集市为中心的街道上，有一家理发店、一家电器商店、一家快递超市、十多家日用杂货商店、一所小学、一所幼儿园，逢场天，则多出了一些卖农产品和手工制品的农民，相对于其他没有集市的村来说，更热闹一些。2018年乐坪集市街景见图 2-3。

集市贸易有着约定俗成的时间，称为"逢场"，沙道集市逢场的时间是农历逢双的日子，乐坪集市逢场的时间是农历逢三和逢五的日子。逢场天，集市附近的村民可以去集市赶场，进行自由贸易。传统集市上，村民们主要是在区域内部交换剩余的手工品与农产品，与外面联系不多。但由于地处县境交界处，往来商贩常以此为集散地，所以区域内的贸易比较繁荣，尤其以沙道集市最为热闹，新中国成立后，曾被当地人戏称为"小上海"。如今，

图 2-3　2018 年乐坪集市街景

资料来源：作者拍摄于 2018 年 7 月。

村民们还遵循着传统的逢场时间规范，逢场天，村民们会把农产品、农业生产器具拿到集市上交换（见图 2-4）。

图 2-4　集市上售卖的传统器具

资料来源：作者拍摄于 2018 年 6 月。

由于集市贸易较为松散，山寨商品、劣质商品大量出在集市上。集市除了承担传统的物资交易功能，还为低档、山寨品牌和产品提供交易空间。集市摊主则成为村民品牌消费的"启蒙者"。

在乐坪村和沙道沟镇的集市上,笔者看到大量摆着地摊卖食品的摊位。食品以小袋散装食品为主,称重量卖,笔者看到,有"粤利粤"饼干、"可比特"薯片、"哈哈"瓜子、情人梅、各种豆制品、辣条、果冻等,既有山寨食品,也有小厂家生产的各种零食。这些食品用一个个纸箱装着,被整齐地摆在摊位上,摊位规模较大,占了3~4米宽的位置,颇为壮观。一些乡村流传的特殊影音设备,在集市上也有专门的摊位销售,这些设备主要是大屏视频播放机,外形类似平板电脑或者笔记本电脑,有的可以插U盘,有的可以播放光盘,价格在200~300元(见图2-5)。

图 2-5 集市上的零食、电子设备摊点

资料来源:作者拍摄于 2018 年 7 月。

山寨和低档品牌在此并非具备凡勃伦所言的"炫耀"意义,也不完全有着布迪厄所指的"区隔"意义,在特定的乡村集市情境中,它们让集市成为乡村消费者的品牌启蒙地。笔者与这两个摊位的摊主交谈发现,他们在集市上有着基本固定的摊位,逢场天都会摆摊。笔者几次在该集市停留观察,发现这些摊位的生意还不错,尤其是零食摊位,每逢节假日,生意十分火爆。在上坪村,笔者常常看到村民在集市上将这类食品买回家,甚至成为出远门时携带的必备零食,这让集市的零食摊位成了乡村的"良品铺子"。

在农村,山寨和低档品牌似乎承担了某种普及和过渡的功能,在中国乡村特殊的转型道路中，迸发出一种源自草根的解构力量。有学者认为，"山寨文化是民众获得话语权之后的一种社会解构运动，旨在颠覆文化威权的中心地位。它表达了民众对权威的轻蔑和挑战，并营造着一种更为多元的文化格局，这种挑战正在成为转型中国的社会常态。"①

二 商街：下沉式浓缩版的类城市品牌消费空间

商街是乡村新型购物空间的代表。上坪村基层市场内的商街，主要是在沙道沟镇上。在我国快速城镇化背景下，沙道沟镇成为宣恩县城市规划的副城市中心，镇上的现代商业逐步繁荣起来，商街也呈现类城市品牌消费空间的景观特质（见图 2-6）。

图 2-6 2016 年沙道沟镇全景

资料来源：《沙道沟镇》，恩施新闻网，2016 年 4 月 27 日，http://www.enshi.cn/2016/0427/205966.shtml。

沙道沟镇以横跨白水河的沙道沟大桥为中心，沿河岸东西两侧及大桥所在的恩鹤线国道，发展出类似于"Z"形的主要商业街道。站在桥中间往两边望去，会看到各种醒目的店面招牌、户外墙体广告、来往如织的车辆行人，曾经湘鄂边陲的热闹集市如今已有了几分都市的味道。西边由于地势平坦开阔，商业贸易更繁荣一些。以大桥为中心，商街离大桥较近的位置，以

---

① 《朱大可："山寨"文化是一场社会解构运动》，同济大学新闻网，2009 年 1 月 15 日，https://news.tongji.edu.cn/info/1007/8064.htm。

生活超市、服装超市、专卖店、母婴商店、酒店、餐馆等日常生活贸易为主。粗略统计，沙道沟镇的商街上，有大型生活超市4家、中型生活超市6家、小型便利店数家、服装超市7家、服装专卖店4家、母婴商店3家、宾馆6家、移动联通手机专卖店5家、KTV5家、健身房2家、蛋糕店2家。离桥较远的位置，以白水河西岸的四道坝街北端为中心，发展出了以家居、家电、建材为主要贸易的商业街。以海尔专卖店为中心，各种大小品牌的家电、建材小店鳞次栉比，颇为热闹。在与四道坝街平行的响龙大道上，有吉利汽车沙道专营店、爱玛电动车专营店、摩托车和农用车专营店数家。镇上集市已从呈"L"形的老街搬至相对偏僻的地段，紧邻白水河西边桥下的沿河西路。沙道沟镇商街景观见图2-7。

图 2-7 沙道沟镇商街景观

资料来源：作者拍摄于2018年8月。

类城市化的小镇商街，是城市品牌消费空间的下沉和浓缩。品牌消费空间的下沉，为村民带来了城市化的消费景观和生活方式，并迅速融入村民的日常生活，催生着变化。从笔者的调查来看，商街至少在如下两个方面影响着村民的品牌消费。

一是极大丰富了村民生活的物质体系。商街的出现，让村民们能够买到各种各样的现代品牌商品，而不仅仅是传统封闭基层市场中的本地商品，让村民的物质生活水平得到了提升，让消费有了选择的自主性。以家电和日用品、食品饮料为例，笔者通过问卷调查发现，很大比例的消费者会选择在镇上购买这些商品（见表2-5），尤其是家电这一类耐用消费品。笔者在与村民的交谈中发现，沙道沟镇也是村民最常提及的消费地点。空间下沉让村民能买到他们知道的、想买的品牌商品，尤其是一些经常能够在电视看到广告的品牌商品，如海飞丝、海尔、立白、王老吉等。这类品牌商品通过电视和购物空间双路径先后作用于消费者，在乡村普及率非常高。

表2-5　上坪村村民购物地点选择统计

单位：%

商品类型	集市	村里小卖店、超市	镇上专卖店、超市	城里专卖店、超市	网购
家电	0.00	5.93	42.81	60.01	30.00
日用品、食品饮料	11.07	25.81	50.69	60.08	27.67

二是营造了具有地方感的品牌消费氛围，塑造和培养了村民独特的消费个性。当专卖店、超市等具有现代景观特质的城市购物空间元素，被提取和复制到小城镇并浓缩于小世界的地方情境中后，商街便融入了地方性的要素和特征，并成为被"实践的场所"。

与城市商街越来越全球化的品牌趋向比较起来，沙道沟镇上的商街则是国产品牌的天下。在街上，建材、家具、服装、日用品等各类商品，几乎都是国产品牌。商街上林立的户外广告也被国产品牌包围。笔者在建材家电一条街上，看到的几乎全是国产品牌，受到电视的影响，大部分村民对外国品牌十分陌生，店主也迎合村民的喜好，双方心照不宣的默契，让小镇商街成为国产品牌的代言者。正如莎伦·佐金等所言："对地方商街而言，一个关键的问题是谁能抵达那里并在那站住脚。购物者、店主和附近居民既决定了街上的货品和服务的种类,也决定了社会氛围。"①

同时,与城市商街所营造的购物与休闲一体的品牌消费氛围比较起来,镇上的商街则更多的是单一的购物。乡镇商街大多与沙道沟镇一样,是依公路自然形成的,并没有前期的规划。街上人车混杂,店铺的分布十分杂乱,正处于野蛮生长的阶段,小店铺较为多见。因此,店内很少有休闲的空间,也基本没有公共的休闲空间。人们上街多是有目的的购物,闲逛的人并不多。传统集市中如卖传统农业器具、卖寿衣的商铺并没有如城市品牌购物空间那样,被排斥在商街之外,而是与现代商铺并列于商街之中,甚至传统集市也和商街上下并列,与现代品牌消费空间折叠而生。

商街的出现,打破了乡村传统的消费习俗,带来了现代的品牌消费生活。例如,村民们不用再遵从传统赶场的时间规定,只要想买东西就可以上街,街上的商店随时都开着门。消费时间约束的破除,让村民从传统乡村的"赶场消费"变成了类城市的"随时消费",消费生活方式随之改变。

三 超市:国家与市场对乡村消费的规训场景

福柯认为,权力关系是推动历史和转化主体的宰制性力量,所以权力就安排和创造了空间。空间并不仅仅是权力运作的基础,特定的空间组织与空间关系也可以成为一种权力运作机制。在《规训与惩罚:监狱的诞生》一书中,福柯借用边沁全景敞视建筑的描述,分析了全景敞视的环形监狱,认为其是一部自动空间权力机器,"一个建筑物应该能改造人,对居住者发生作用,有助于控制他们的行为,便于对他们恰当地发挥权力的影响。"② 在乡村购物空间现代化和市场化发展进程中,国家和市场是乡村购物空间权力规训的主体,而超市则是这一权力关系集中体现的场景。

---

① 莎伦·佐金、菲利普·卡辛尼兹、陈向明:《全球城市 地方商街:从纽约到上海的日常多样性》,张伊娜、杨紫蕾译,同济大学出版社,2016,第1页。
② 米歇尔·福柯:《规训与惩罚:监狱的诞生》,刘北成、杨远婴译,生活·读书·新知三联书店,1999,第195页。

在沙道沟镇的商业街上，大小超市、便利店不计其数，非常普遍。其中，规模较大的生活超市有4家，分别为高乐福超市、新景添超市、大成超市、好实惠超市。2017年底开业的新景添超市是四家中规模最大的，这家超市是恩施州本土的一家连锁购物超市，在城区和乡镇均有连锁店面。超市位于沙道沟镇大桥东边桥头沙道购物广场的2楼，面积约500平方米，分为食品、百货、生鲜三个大的区域，饮料酒水、烟草、休闲食品、调味品、奶制品、针织、床上用品、清洁洗涤品、厨具杂货、小电器、蔬菜、水果、生熟肉类均有销售，与其他几家超市相比，这家超市货品充足，分区细致。笔者进入超市后看到，超市内售卖的商品品牌，与笔者在恩施市新景添超市所看到的品牌并没有太大的差别，只是型号和品种稍少一些。整个卖场通过灯光、陈列、促销、味道、商品、音乐所营造的购物氛围，与城市几乎无异。另一家本土连锁超市高乐福超市也与此相似，只是规模比新景添超市小一些，卖场面积大约300平方米。另外两家超市则是非连锁超市，卖场面积约200平方米，超市货品堆放得非常满，分区杂乱一些，货品整理不如前两家及时与整齐，商品品牌和型号也不如前两家齐全，超市的公共走道和货架之间的距离似乎也明显窄一些，笔者进入卖场后，感觉比前两家拥挤一些，少了些浪漫的生活氛围，多了些实用的景观特征。

除生活超市以外，镇上稍大一些的专门商品卖场也喜欢用"超市"命名，如服装超市、母婴超市、建材超市等，这些超市一般集合了多个品牌的商品进行售卖，高中低档均有，消费者可自选。在村里，上坪村的三家小商店和乐坪街上的商店，大部分都改造成了自选超市的模样，摆放着开放式的几排货架，村民到开放的货架上自己选购商品，然后找老板付款结账。村民们已经习惯将以前的"小卖部"喊做"超市"，将超市老板称为"经理"，虽然一开始可能带有一些调侃的色彩，但天长日久，"经理"就成了超市老板的别称。据超市老板介绍，他们的进货渠道基本都是镇上稍大一些的超市，这些超市不仅零售，还兼具对村级商店的批发功能。如果进货多，就有人送货，进货少，就自己跑。但是，由于村里的生意相对比较冷清，这些小超市的老板基本上都是自己三天两头去进一次货，以免货品积压。

（一）国家的权力规训——从控制流通到促进消费

超市是以自助服务和集中式付款的方式，满足消费者对基本生活用品一次性购足的需要。超市是社会经济发展到一定阶段的产物，而在此之前，乡村的外来商品，以供销社供给为主。从供销社到超市，代表了从计划经济到市场经济的转变，在这种转变中，国家作为对这一类型消费空间权力规训的主体，其权力运作机制发生了变化。

供销社时代，国家通过供销系统实行对消费品流通的高度控制，消费者没有任何选择的权利。国家对消费者的权力规训，是通过强大的计划供销体系完成的。在改革开放前的几十年里，几亿中国农民的生活用品和生产资料一直离不开供销社。在供销社一天天做大的过程中，集市、庙会、店铺、商号及走街串巷的货郎则日益萎缩，农村原有的交易方式改变，供销社成为主导农村市场的经营主体。供销社逐步加强农村网点建设，基层供销社由新中国成立初期的一乡一社、一村一社，逐步调整为以集镇为中心、按经济区域设置。

在偏远贫困的上坪村，村民的工业品供应主要依靠沙道供销社和乐平供销社，供销社成为村民接触和使用外来商品的唯一渠道。离村民最近的是乐坪供销社，但物资相对较少，供应十分紧俏，一有稀缺物品到货，门前总会排起长长的队伍。物资相对较多的是沙道供销社，但由于路途较远，加上可供支配的收入非常少，村里的人很少去，一年最多能去上几次。供销社代表着人们对物质生活的一种最初的渴望，在那个物质生活匮乏的年代，供销社成为人们物质生活想象的空间来源。

> "那时候供销社的东西少，要凭票买，有时候听说第二天有需要的东西卖，头一天天不亮就去供销社排队。我那时候天不亮就去山上挖金刚藤卖，一次能卖一两块钱，我想买点灯草呢（即灯芯绒）做鞋，挖了好几次才攒够钱。天不亮就去排队，扯了9寸灯草呢做鞋，结果被我妈拿去送了人，我在家伤心得直哭，结果我妈又去问人要回来了。"
>
> ——ZSY，66岁，退休教师

1960 年以后，由于商品资源不足，物资实行凭票、凭证供应。由于什么东西都得凭票供应，供销社上班的人成为社会的"红人"，人们在田间地头也将这些售货员作为议论的对象，经常讨论他们。

"我有个亲戚在供销社当售货员，有一次我弟弟病了想喝糖水，我去称（买）白糖，没有票了，我也是开了后门才买到的，好多人都说，哎呀，他没得票怎么买到糖了？"

——ZGL，63 岁，务农

乐坪供销社与集市在一条街上，村民们赶场的时候，都爱聚在供销社门前闲聊大半天。

"小时候，对供销社的记忆，说实话，没有多少，对里面的副食，倒是念念不忘。那时，供销社都是高高的柜台，把营业员和顾客隔开。我们一帮娃儿都喜欢趴在柜台上看。有时候父母喊我去打煤油，我每次都要去玩半天，在柜台前面这看看，那看看。"

——ZB，42 岁，公务员

供销社供应的基本都是生活必需品，大部分村民购买商品的目的是保障基本的生活所需。但也有极少数村民，在极为有限的供销社物资供应中，产生了对品牌的最初的认识和渴望。

"我们小时候，村上的供销社是在乐坪街上，很小，只有一间房，进去后，迎面的左侧是卖杂货的，右面是布匹，前边就是食品，摆着有包装的烟酒糖茶一类的东西。后来，在沙道供销社，东西慢慢变多起来，就有手表、球鞋、自行车、缝纫机一类的东西卖了。"

——ZH，47 岁，医生

乐坪集市老街上的原供销社内景见图 2-8。

图 2-8　乐坪集市老街上的原供销社内景

资料来源：作者拍摄于 2018 年 6 月。

国家通过强大的供销系统对消费者进行的规训控制，将消费者的消费欲望压制到最低，通过对商品流通的统一管制，限定了消费者的购买范围和购买资格，并将城市和乡村区隔起来，赋予通过供销系统销售的某些品牌"阶层身份象征"的意义。这种规训机制和权力关系，是计划经济体制特有的产物。

而对于超市这一市场经济体制发展的产物，国家的权力规训机制则是以发展市场、规范市场为目的。通过宏观市场政策，国家成为现代乡村消费空间规则建立的引导者。

从 2005 年开始，国家为促进消费升级、改善城乡商品流通环境，先后开展了"万村千乡""双百市场""家电下乡""节能产品惠民工程""汽车下乡""电商下乡"等一系列市场工程。2019 年伊始，国家发改委等十部门联合印发《进一步优化供给推动消费平稳增长促进形成强大国内市场的实施方案（2019 年）》，其中围绕汽车、家电等产品提出"促进农村消费提质升级，拉动城乡消费联动"，被认为是新一轮的"家电下乡"。商务部将从供给侧发力，继续深入实施消费升级行动计划，推动电子商务进农村，推动"工业品下乡、农产品进城"。[①]

[①] 《商务部：推动"工业品下乡，农产品进城"》，人民网，2019 年 1 月 17 日，http://finance.people.com.cn/n1/2019/0117/c1004-30573882.html。

国家的宏观市场政策引导了乡村消费空间的基本规则的建立，确定了商品市场流通的基本方向。这些促进乡村消费的市场政策，通过上坪村及周边县城、镇上大大小小的超市作用于消费者，在村民生活中留下了深刻的烙印。

笔者在对村民家用电器的调查中发现，上坪村第3组村民有22家安装了热水器，其中有10家安装的是太阳能热水器，几乎占到了一半，且全部是四季沐歌和桑夏品牌的太阳能热水器。购买太阳能热水器是由于太阳能热水器是节能产品，市场价需要3000多元的热水器，根据国家"节能产品惠民工程"的政策，可以有1000多元的惠民补贴。因此，安装此款热水器的村民的比例很大。

"家电下乡"工程于2013年初结束，很多村民在该政策结束后的几年内都修了新房，换了家电，但"家电下乡"工程留下的痕迹还清晰可见。在部分村民家中，还能看到贴有"家电下乡产品标识卡"的电视、摩托车。在乐坪街上的家电商店中，还保留着贴有"家电下乡产品"字样的货架。村民们对"家电下乡"还有很深的记忆，知道有买家电补贴的政策，但也抱怨家电质量不好，用了没多久就坏了。

在"万村千乡"工程建设中，上坪村生意最好的一家小卖店被纳入了该工程。笔者在这家店看到，在店面左侧显眼的位置，还挂着"万村千乡工程监督点"的牌子。据店主介绍，这是湖北省商务厅统一制作的牌子，2010年挂的，需要连续三次检查无不合格商品方可挂牌，挂牌后定期检查。

由国家主导的农村市场空间建构，显示出强大的规训力量。从宏观上看，这些工程对改善农村消费环境、刺激消费增长的作用是显著的。公开数据显示，"万村千乡"工程从2005年2月开始启动，截至2009年8月，全国累计建设改造36万家连锁化农家店和1186个配送中心，初步形成了以城区店为龙头、乡镇店为骨干、村级店为基础的农村现代流通网络。[①] "家电

---

① 《万村千乡市场工程现场会在湖北仙桃召开　全国已累计建设改造36万家连锁化农家店》，商务部网站，2009年9月25日，http://scjss.mofcom.gov.cn/article/tpxw/200909/20090906534336.shtml。

下乡"工程于2008年12月开始启动,在政策推行4年时间内,截至2012年11月底,全国累计销售家电下乡产品2.93亿台,实现销售额7071亿元,刺激了农村消费的增长。[①] 宣恩县商务局的统计数据显示,从2010年到2012年,该县"家电、摩托车下乡"销售总金额达1.49亿元,销售下乡产品63513台,发放补贴金额2023万元。[②] 到2011年底,"万村千乡"市场的全县村级农家店达207家,行政村覆盖率达74%。[③]

国家对乡村消费场所的权力规训,存在于从计划经济到市场经济转变的整个时期,从控制流通到促进消费,国家权力逐渐促成了乡村消费空间的市场化转型,使得消费空间的基本规则建立起来,确定了商品市场流通的基本方向,为品牌在乡村扩散提供了正式的制度保障。品牌商品从国家计划性集中供给的供销社走向了规模化、市场化的超市、商街,农村消费者开始有机会在实体超市这一品牌触点上实实在在地感受、触摸、体验不同的品牌,呼应和强化自己从电视、网络等虚拟媒介上获得的品牌经验,不断重新认识自己所处的品牌小世界。

（二）市场的权力规训——通过渠道优势最大化利益

市场以利益为主导,其权力规训的指向是空间利益的最大化。因此,市场的权力规训主要通过渠道占领、不平等供给、消费者培养的方式实现。

在渠道占领上,在乡村超市内,国产品牌具有明显的优势。在外资公司进入之前,本土品牌已经在这里展开了激烈竞争。过去10多年里,包括立白、纳爱斯、蓝月亮、上海家化、OPPO、vivo在内的本土品牌,借助乡镇的私营小超市、日化专营店、村级小卖店扎下根来,塑造了这里的商业形态以及消费者的习惯、偏好和意识。虽然宝洁公司依靠强大的电视广告攻势,在日化品牌较单一的时代,建立了农村消费者最初的品牌认知,但随着国产

[①] 《商务部:1—11月全国家电下乡产品销量突破7000万台》,中央政府门户网站,2012年12月10日,http://www.gov.cn/gzdt/2012-12/10/content_ 2287172.htm。

[②] 宣恩年鉴纂编委员会、宣恩县史志办公室编《宣恩年鉴（2011）》,2011,第83页;宣恩县史志办公室编《宣恩年鉴（2012）》,2013,第80页;宣恩县史志办公室编《宣恩年鉴（2013）》,2014,第70页。

[③] 宣恩县史志办公室编《宣恩年鉴（2012）》,2013,第80页。

品牌渠道优势的建立，海飞丝等外资品牌的地位也开始动摇。无论是在上坪村的小超市，还是在沙道沟镇的大超市，抑或是在县城的零售商店，国产品牌都占据着绝对优势。

同时，乡村超市也是市场主体实现不平等供给的渠道，劣质品牌商品以更隐蔽的方式在流通。一位恩施区域国产日化品牌代理告诉笔者，如果销售的护肤品快过期，在城里不好卖，会专门到乡镇超市来促销，只要价格便宜点，还是很好卖的。笔者看到，摆在超市外的促销摊位上，确实围着很多来赶场的农村女性，她们并不知道这批化妆品降价的真实原因。经销商只是利用商品信息的不平等，调整市场销售策略，将自己的收益最大化。

与渠道占领、不平等供给比较起来，消费者培养则以更温和的方式展现空间的权力规训。超市的空间规范和制度，很大程度上培养了消费者的品牌消费习惯、意识、规范。

以超市购物为例。在宣恩县的农村地区，超市在2009年前后才开始有人开设，在这之前，很多村民没有在超市买过东西。如何在超市买东西，是当时很多村民弄不明白的。

> "我原来没在超市买过东西，进去了以后，看到东西上都没有标价，我翻来翻去找，也没找到，旁边也没得人卖货，心里想，未别（方言，为何的意思）还要各人在脑壳里把价记起呀？你说哈（方言，傻的意思）不哈？"
>
> ——QZJ，55岁，家庭主妇

QZJ说的现象是普遍存在的，很多村民刚开始接触超市时并不知道如何购物。超市的出现，改变了村民们必须经过售货员才能购物的方式。消费者可以自由在超市中挑选，免去了"当场购买某种东西"的义务[1]，也不会因

---

[1] 王宁：《消费社会学》（第二版），社会科学文献出版社，2011，第126页。

为没钱受到售货员的冷嘲热讽，超市成为消费者"自由"与"平等"的空间符号和象征。笔者在沙道沟镇的几家超市看到，入口、出口都标识得十分清楚，收银区也十分明确，超市内的购物者从入口进入，选购完东西后，在收银台交钱，买得多的，推着超市手推车，几乎没有对这个空间感到陌生的购物者。经过长期的超市空间的规训与培养，乡村购物者已经完全熟悉了现代超市的购物流程和空间规则。

在新商品的推广上，市场供给主体也采用同样的方式，潜移默化地规训着消费者。例如，某通信公司恩施分公司为在农村推广4G信号，明确禁止所有乡镇实体渠道售卖3G手机，这样，如果该地区所有消费者都统一使用4G信号，该通信公司就不用再提供3G信号，大大节省了运行成本。笔者在镇上的通信合营店看到，柜台里已不再陈列3G老人机，摆放的全部是智能手机。如果消费者有3G手机的消费需求，店员会悄悄从下层柜台中拿出商品。

总之，国家与市场通过不同的权力运作机制，在超市这个微观的具体场景中，将消费空间制度化，并对消费者形成影响。从计划经济到市场经济，国家的规训主要通过宏观市场政策实现，从抑制消费政策到促进消费政策，国家的权力通过供销社或者超市这一具体的购物空间作用于消费者。市场的权力运作机制则更多以利益最大化的原则为主导。乡村消费者虽然在双重权力的控制下显得无力而渺小，似乎已被强加的既定市场秩序控制与驯服，但是，从乡村消费现代化的整体视角来看，这种权力运作却又起到了推动发展的作用。这似乎超越了福柯对空间权力运作使人走向异化的批判，让我们在特定历史进程和空间场景中，对空间权力对人的影响产生了反思：至少在乡村品牌消费的转型发展进程中，我们应该以更辩证的态度来看待空间权力与消费者的关系。一方面，特定的购物空间组织与关系作为一种权力运作机制，完成了国家与市场对消费者的控制与驯服；另一方面，在客观上，作为权力主体的国家与市场也通过空间的权力运作，促进了消费的现代化。

四 专卖店：品牌消费主场与消费主义本能抵制

（一）"专卖不专"的品牌消费主场

沙道沟镇和离村最近的来凤县城的各类品牌专卖店，是乡村消费者进行品牌消费的主场。在镇上，各类品牌专卖店如雨后春笋，在街道上，可以看到很多品牌专卖的标志。小城镇专卖店与城市专卖店最大的区别在于——专卖不专。大部分的专卖店除了售卖专卖品牌商品，还会或多或少的兼营一些其他品牌的商品，如村民们经常提起的"九天"和"皇朝"家具城，除售卖这两个品牌的家具外，也售卖其他一些不知名品牌的家具。这些专卖店是村民们接触和购买品牌商品的主要渠道之一。

不论是在县城还是在镇上，笔者看到，OPPO和vivo的线下店在街道上十分醒目，一个绿色，一个蓝色，覆盖了主要的街道，标识十分醒目，基本不可能错过。在镇上，OPPO专卖店位于街上最繁华的三角路口上，与中国联通的营业厅合并在一家商铺之中，是镇上促销最活跃的专卖店。店里每逢节假日或者赶场的热闹日子，会在街边进行路演，店里专门雇了一直沿街叫卖的队伍，一群年轻人穿着统一的OPPO绿色T恤，举着OPPO的招牌喊统一的口号。店门口放着大音量的音箱，路演队伍配合着劲爆的音乐，进行着舞蹈表演，店面还装饰了彩旗、充气吉祥物等来吸引顾客。

实际上，OPPO通过这样的城镇渠道拓展，已经成为农村消费者购买手机的首选品牌之一。在上坪村的问卷调查证实，OPPO在村民的手机品牌选择中排第一位。现场的一位促销员告诉笔者，电视里天天都是OPPO、vivo的广告，大家的脑子早被洗得差不多了，再加上店里可以分期付款，前期根本不用付多少钱，所以很多学生、年轻人会随大流，把原来的手机换成OPPO、vivo的手机。

相较于城市消费者的手机购买，乡村消费者更在意产品的功能。他们认为专卖店较为正规，可以现场开机以验证真伪；通过现场比较、筛选，他们可以看到手机的外形、触摸手机的质感；在现场，他们还可以向销售人员询问各类问题，获得各种服务，例如帮忙下载各类App、把原来手机的信息转到新手机上、安装 SIM 卡、贴膜等。他们认为，在固定的店铺买东西，出了问题比较方便售后。

除 OPPO 外，海尔专卖店也是镇上规模较大的专卖店之一。城市消费者倾向于在一些家电大卖场如苏宁、国美或者网上商城如京东购买家电，而大部分的村民会愿意在品牌实体专卖店购买品牌家电，他们认为，专卖店的东西比较可靠、值得信赖。在专卖店里，笔者看到，海尔家电以中低端系列为主，相较于城市卖场而言，品类相对单一。专卖店的老板告诉笔者，农村人对家电的需求以物美价廉为主，在他店里，两门的冰箱、双桶的洗衣机、屏幕大但价格低的电视，都销售得比较好。

（二）消费主义的本能抵制

德·塞托认为，日常生活虽然处于绝对权力的压制之下，但是它却没有被这种权力挤压成为索然乏味的单面体。在他看来，日常生活中既存在支配性的力量，又存在对这种支配性力量的反制；日常生活在很大程度上就是一场持续的、变动的、围绕权力对比的实践运作。① 德·塞托还指出了日常生活空间抵抗的两种途径：一是通过向空间加入目的和欲望的多重变化，使之适于居住；二是通过"散步"，即人们在空间中的位置移动，来打乱空间的秩序，创造新的空间。②

上坪村村民的日常品牌购买和消费实践，展现了德·塞托空间实践中个体以微小的、流动的、非制度化的行为对抗中心权力所带来的划分、区隔等形式的规范空间的特征，表现出了村民对消费主义本能的抵制，可分为"改造"和"挪用"两种形式。

一是改造。改造即改变消费空间原本的运作规则，建立自己的规则。村民在品牌消费的主场中，通常会采用"快去快回"的购物策略，抵抗空间的诱惑。19 世纪中叶，现代商场的出现，是消费文化发展的重要里程碑。

---

① 吴飞：《"空间实践"与诗意的抵抗——解读米歇尔·德塞图的日常生活实践理论》，《社会学研究》2009 年第 2 期，第 177~199 页。
② 米歇尔·德·塞托：《日常生活实践：1. 实践的艺术》，方琳琳、黄春柳译，南京大学出版社，2015，第 96~112 页。

商场是资产阶级的梦幻世界，是欲望与物质、梦想与商业的结合。通过自由的"逛"和"看"，商场让消费者停留的时间增加；通过琳琅满目的商品陈列，商场刺激了消费者的欲望，诱发了消费者购物的冲动。对于刚刚摆脱物质短缺的广大农民来说，超级市场是一个如商场一般的购物场所，超市的经营者也企图通过现代商场的运作逻辑，完成对消费者购买欲望的刺激和控制。乡村的购物者们一方面在购物流程上遵从现代消费空间的规则，另一方面又在购物时间上运行着自己的规则。在专卖店中购物，大部分村民的策略是"快去快回"，用村民们的话说，"现在赶场快得很"。据村民们回忆，以前去集市赶场，要天不亮就起来，赶到中午12点散场才回来。赶场时间长，一方面是由于集市热闹、好玩，另一方面是等着散场前"捡趴"。所谓"捡趴"，就是捡便宜的意思，集市上农民卖不完的东西，中午散场前就会便宜处理。而现在，村民们赶场的时间大大缩短，买东西都是"快去快回"。笔者曾与村民ZGL一起去沙道沟镇赶场，他先去中国联通营业厅交了50元话费，然后去高乐福超市买了妻子交代的排骨、瘦肉、洗发水、牙膏，最后去母婴超市给孙女买了纸尿裤和奶粉，总共在沙道沟镇停留的时间不超过40分钟，买完后就乘公交车返回村里了，基本上没有闲逛。与城市消费者在苹果、华为等旗舰店进行的闲逛和体验不一样，在OPPO和海尔专卖店，村民们大多有着明确的购买目的，单纯以体验为目的的顾客十分少见。可见，"快去快回"的购物策略，是村民们用消费理性对消费空间诱惑的对抗，是传统生活智慧的延续。

村民们在专卖店购买商品时，可以通过"讨价还价"的方式，抵制空间同质化的规训。一般来说，专卖店商品的价格是确定的，所有人都以同一个价格购买，不容商量。在城里，专卖店基本没有讨价还价一说，大家都自觉按照定价支付，但在农村，村民们在专卖店也会小幅度的讨价还价。以OPPO和海尔专卖店的销售为例，大部分的乡村购买者会在购买过程中商量价钱，店主或者店员也或多或少会松动既定的价格。

灵活多变是指品牌物品使用方式的灵活多变。在现代的消费空间内，运行着一套商家苦心打造的物品消费规则。例如，牙刷需要一个月换一次、毛巾需要三个月换一次、床上用品要花色配套、化妆品按照规定使用步骤分为基础套件和升级套装、高档电器必须配套高档家具、现代卫生间必须安装现代洁具等，其中配套使用的规则被称为"狄德罗效应"。

这种系统的物品消费规则，在上坪村村民的日常生活空间里，常常是自由灵活的。在村里，大部分人的牙膏和毛巾不会定期更换，更换的原则是"看到不行了就换"。床上用品的花色也不需要统一，被套和床单不是一种花色是很常见的。护肤品的套件不一定要配齐，例如，在基础护肤套件洗面奶、水、乳（霜）三样中，女性村民通常会忽略洗面奶或者水。在新房修建时，如果家里的儿子可能几年内会娶媳妇，村民则会将儿子儿媳居住的那一层的粉刷、地砖安装等装修步骤留到婚前，以保证结婚时用的是"新房"。在一些没有修建现代新房的村民家里，笔者也看到了如电视机、饮水机一类的现代家电，并未追求住房风格与家电的统一。可见，村民们并未完全遵循品牌方精心打造的商品消费规则，也并未遵循商家的意志，村民们这种灵活多变的物品使用方式，正是对规则的抵制。

二是挪用。挪用即将品牌消费空间中原本的构成要素挪作他用。村民们通过对品牌商品包装、户外广告、赠品的挪用，形成自己的日常生活空间，抵制意图控制他们的规则。

在现代购物空间中，精美的商品包装是空间诱惑世界的一部分，大大刺激了消费者的购物冲动。对于这些精美的商品包装，村民们在使用商品的同时对其物尽其用。例如，大桶食用油用完后的油桶成为村民们用得最多的外包装。秋天，村民们习惯在白露后腌制辣椒，以前他们常用大坛子，现在由于腌制的数量大大减少，大的塑料油桶成为十分合适的器具，基本上家家都用这个腌制辣椒。如果想往城里带土家鸡蛋，村民们都习惯把鸡蛋装到油桶中，方便手拎和存放。村里的花园农牧专业合作社，请一些在家的村民去山上开荒，一天50元工钱，很多年龄大一些的女性村民前往，中午带着茶和饭，就在工地上吃。很多人用大瓶矿泉水瓶或者饮料瓶带着茶水，在劳动间隙饮用，以农夫山泉和康师傅冰红茶的瓶子最为多见。一些年龄稍长的村民会将商品包装的纸壳、矿泉水瓶、易拉罐等收集起来，当作废品卖掉。装饲料、化肥的大编织袋,村民们也都清理干净后保存下来,如需要装大件物品,如过年装腊肉或者腊蹄走亲戚拜年,则会用大编织袋装起来。这种挪用,让商品包装从诱惑消费欲望的工具变为日常生活的实用工具。

赠品是现代消费空间内品牌方促销的一大法宝,村民们对待品牌的赠品,也有自己的一套经验。2017年夏天,笔者在村民ZGL家借住,ZGL常常穿的白色T恤上,印着"彩色跑"的字样。"彩色跑"是近年来大城市流行的运动,在恩施地区并未组织开展过,ZGL告诉笔者,T恤是他在广州打工的儿子带回来的,有红的、绿的、白的、黄的,都是他参加活动或者买东西得到的赠品,自己穿起来觉得还可以,一个夏天就这几件换着穿,不用买衣服了。在此之后,笔者注意观察了年长一些的村民夏天的穿着,发现很多人穿着各个品牌的赠品T恤,讲究一点的做农活才穿,不讲究的就当作日常服装穿着。这种挪用,让附送的赠品有了正式的用途。

户外广告被认为是十分有效的农村市场传播工具,在农村地区覆盖面非常广泛,墙体悬挂的广告喷绘布是最常见的户外品牌广告媒介之一。这种喷绘布由于悬挂在室外,有着很强的防水功能,面积又大,村民们常常拿替换下来或者脱落的广告喷绘布来防水。在村民们住房外堆的柴火上,常常可以看到这种喷绘布搭在上面,以防雨水打湿柴火。在喂鸡或者喂鸭子的笼子上,也可以看到搭着这种防水的喷绘布。大部分村民家中都有一两张这样的广告喷绘布,以备不时之需。这种挪用,让农村品牌广告利器变为村民日常生活的补充。

在德·塞托看来,日常生活实践是一门灵活多变的艺术,"实践的艺术"不是指向类似于高雅的文学、音乐、绘画这样的艺术形式,而是指富有创造性的方式和方法。大众在被规训的外表下,不停地运用某些计谋反抗着规训,"避让但不逃离"[1],从而营造出自我的日常生存空间。"抵制"是德·塞托对日常生活中大众面对权力的反规训"战术"的概括,在这种压

---

[1] 练玉春:《开启可能性——米歇尔·德塞都的日常生活实践理论》,《浙江大学学报》(人文社会科学版)2003年第6期,第146~148页。

制下生存，人们会有意识地产生自然的抵制行为，因此大众的日常生活才变得越发富有生机和意义。依德·塞托之意，"战术"是充满智慧的抵制，不依托某一特定的空间，在空间内迅速掌握利用有利信息，抓住转瞬即逝的机会，在理性与行动的配合下满足个体主观需求。笔者在上坪村观察和记录的村民日常生活实践，充满了智慧性和灵活性。村民们各种"战术"的巧妙运用，来源于几千年中国传统农民的生活经验与智慧，让日常生活显得生机勃发、妙趣横生。

不论是地方商家对品牌专卖店不专的改造，还是村民对品牌传播载具的灵活使用，在乡村情境中，他们都共同以地方性知识对抗与抵制原有的品牌传播空间秩序，并试图在操控与抵制间找到平衡，建立起兼具地方性和现代性的新空间秩序，营造出品牌传播与扩散空间的地方感。

第四节 人际传播的"乡土+市场"逻辑

除了大众媒介、空间媒介等作为"物"存在的渠道，人员渠道也是品牌营销传播的重要渠道。菲利普·科特勒在《营销管理》一书中，将营销沟通渠道分为人员沟通渠道和非人员沟通渠道。人员沟通渠道是指涉及两个或更多的人的相互直接沟通，包括面谈、打电话、上网聊天等。人员沟通渠道可进一步分为倡导者、专家和社会渠道，倡导者渠道是指由销售人员在目标市场上寻找顾客，专家渠道是指通过有专业知识和技能的人影响目标顾客，社会渠道是指通过邻居、同事、朋友等影响目标顾客，形成一种口碑。[1] 人际传播互动性强、反馈及时、互动频度高，在消费者被各种信息簇拥的环境中，人际渠道的传播往往十分有效。随着移动互联网时代的到来，人际传播的内涵与外延都大大扩展，其影响力在品牌营销传播中愈加强大。

罗杰斯在创新扩散模式中特别强调人际关系网络对扩散的影响，认为

---

[1] 菲利普·科特勒：《营销管理》，梅清豪译，上海人民出版社，2003，第281页。

"扩散是人际沟通的过程，扩散的核心在于潜在客户的人际关系网络模型"。①

人际关系是乡村维系的重要纽带。在乡村情境的品牌人际传播中，人以何种关系为基础进行对话和交流，是品牌传播扩散的重要影响因素。社会建构论者认为，对话中的人共同建构他们身处的社会现实，同时被他们所创造的世界改造。② 不同类型的关系存在不同的交往逻辑和对话方式，因而对品牌扩散产生的影响也不一样。

那么，在乡村社会，人际交往与互动遵从的行为逻辑是什么？随着乡村社会的变迁，人与人的关系和交往逻辑也发生着变化。研究者们纷纷用不同的概念对乡村社会形态进行概括，并描述、解释这一社会形态中行为逻辑的变化。

费孝通先生将传统的乡土社会概括为"熟人社会"，"熟人社会"的关系网络是"差序格局"，社会运行逻辑是舆论压人、面子有价、社会资本可积累。人们基于长期的共同生活形成地方性共识，关系共同体之间无隐私、无独立自我、无个人空间。在村落共同体中，人们的行为逻辑是"熟人社会"，约束人行为规范的是"熟人社会"的舆论压力和传统规范。③

随着乡村社会的急剧变化，学者们纷纷在"熟人社会"的基础上，提出"半熟人社会""无主体熟人社会""移动主体熟人社会"等概念，以解释变迁中的乡村社会结构与运行逻辑。吴重庆认为，农民外出务工导致的乡村空心化使得乡村主体丧失，并沦为城市社会的依附，"熟人社会"的乡土逻辑失效，具体表现为：舆论失灵、面子贬值、社会资本流散、熟人社会特征周期性呈现。④ 贺雪峰认为，转型乡村社会呈现村民异质化增加、地方性共识减少、乡土行动逻辑变化三大特征，并将这一过程中的社会形态概括为

---

① E. M. 罗杰斯：《创新的扩散》（第五版），唐兴通等译，电子工业出版社，2016，第21页。
② 埃姆·格里芬：《初识传播学：在信息社会正确认知自我、他人及世界》，展江译，北京联合出版公司，2016，第79页。
③ 费孝通：《乡土中国—生育制度—乡土重建》，商务印书馆，2017，第3~90页。
④ 吴重庆：《从熟人社会到"无主体熟人社会"》，《读书》2011年第1期，第19~25页。

"半熟人社会"。① 徐勇和徐增阳认为，流动带来了中国乡村"陌生人社会"的出现，长期离开家乡在外务工的过程使他们难以在每天的交往过程中保持与家乡的紧密联系，家乡已经成为记忆中的"陌生人社会"。② 高莉莎结合移动社交发展的背景，认为手机微信的普及，让农民的日常行为逻辑依旧受到"熟人社会"运行规则的支配，构筑了一个勾连城市与乡村的"移动主体熟人社会"。③

可见，乡村社会研究者们普遍认为，在乡村转型的进程中，乡村社会存在乡土和市场两种交往行动逻辑，但二者之间存在和交替的方式，则依据研究者研究情境的差异呈现不同的特征。

因此，笔者综合学者们对乡村社会关系及行动逻辑的概括，将品牌人际扩散放到熟人、半熟人、陌生人三种类型的人际关系网络中进行考察，试图了解乡土与市场两种行动逻辑如何作用于人际关于品牌消费的互动与对话，进而形成对品牌消费的影响。

一 熟人关系中的品牌传播：乡土逻辑留存

根据费孝通先生的解释，"熟悉是从时间里、多方面、经常的接触中所发生的亲密感觉，这感觉是无数次的小摩擦里陶冶出来的结果。"④ 熟人关系是一种人们从熟悉中获得的信任感及可靠性关系，是通过长期共同生活形成的地方性共识关系。虽然农村社会形态已不再是费孝通先生所定义的"熟人社会"，但"熟人社会"的交往逻辑，还在一定程度上延续。在品牌人际传播中，这种逻辑则主要体现在代际反哺、闲话传播两种交流互动的方式中。

---

① 贺雪峰：《未来农村社会形态"半熟人社会"》，《中国社会科学报》2013年4月19日，第A8版。
② 徐勇、徐增阳：《流动中的乡村治理——对农民流动的政治社会学分析》，中国社会科学出版社，2003，第57页。
③ 高莉莎：《"移动主体熟人社会"：基于少数民族农民工手机微信使用的研究》，《新闻大学》2018年第2期，第36~45页。
④ 费孝通：《乡土中国—生育制度—乡土重建》，商务印书馆，2017，第24~26页。

(一)代际反哺形成消费信任倒置

费孝通先生认为,中国传统乡村是"差序格局",这种社会关系网络是以亲属关系为基础形成的,最基本的亲属关系就是亲子和同胞。可见,由生育形成的代际关系是传统乡村社会关系网络的核心,处在社会关系序列的首要位置,是最能获得信任感和可靠性的关系。传统上,消费观念及行为来源于上一辈对下一辈的影响,是一种代际传播,是建构家庭秩序的重要力量。而在现代品牌的人际传播中,基于代际关系的人际互动依然是信任感和可靠性形成的重要源泉,只是随着社会的转型与变迁,信任和依赖的发生方向出现了"倒置"。

1970年,学者玛格丽特·米德提出,在社会急剧变迁的过程中,长辈经验可能失去传喻价值,"后喻文化"的传承方式开始出现。[①] 我国学者周晓虹针对中国代际关系的研究,提出了"文化反哺"这一概念,并将其解释为"文化变迁中年长一代向年轻一代进行文化吸收的过程"。[②]

在上坪村的代际传播中,对于长辈而言,晚辈在品牌消费上的反哺作用,主要体现在以下两个方面。

一是在新品牌、新产品、新技术的消费上的反哺。随着信息技术的不断发展,数字化生存成为日常生活的常态。消费日益朝着数字化、网络化、智能化方向发展,各类新品牌和新产品层出不穷,老年消费者虽然对新生事物的接受程度不如年轻人,但依然存在各种类型的消费需求。这时,子女成为他们获取消费信息的重要渠道,为他们提供消费参考。

以耐用消费品为例。笔者在入户调查中,对第3组村民家庭耐用消费品的品牌决策人进行了统计,结果如表2-6所示。在电视等传统耐用消费品的购买上,父母购买和子女购买的比例相当,外出务工的子女虽然不经常在家,但在大件家用物品的品牌消费决策上,还是有着较大的主导权的。在汽

---

① 玛格丽特·米德:《文化与承诺——一项有关代沟问题的研究》,周晓红、周怡译,河北人民出版社,1987,第27页。
② 周晓虹:《文化反哺:变迁社会中的亲子传承》,《社会学研究》2000年第2期,第51~66页。

车类的新兴耐用消费品品牌决策上，子女则拥有绝对的主导权，很多年长一些的村民表示，自己在购买电子产品时，尤其是在购买如手机一类新兴电子产品时，会参考子女或者家里其他晚辈的意见，长辈们觉得年轻人比自己见识广、懂得多，了解品牌相关的知识和信息。对于手机一类的通信产品，父母不仅在购买时参考子女的意见，使用上也需要子女甚至孙辈提供指导，由于很多子女长期在外务工，老人使用微信打视频电话、语音聊天都是家里的孙辈教的。

表 2-6 家庭耐用消费品品牌决策人统计（$N=65$）

单位：%

	电视	冰箱	洗衣机	空调	液化气灶	饮水机	热水器	电饭煲	摩托车	汽车
父母购买	50	62.5	54.8	50	66.7	50	59	64.3	71.4	27.8
子女购买	50	37.5	45.2	50	33.3	50	41	35.7	28.6	72.2

同时，对品牌售后服务信息的获取，家里的长辈也常常需要子女提供支持。笔者常常听到村民提及商品售后的问题，村民 ZGM 表示，"现在电器坏了就坏了，没得修的，修不好"。村民们对售后的抱怨，一方面是由于乡村市场售后服务的不完善，另一方面也源于售后信息的匮乏。所以，当家里的家用电器出现故障，父母不知道如何处理时，往往是子女出面与售后沟通交流，或者子女指导家中的父母与售后维修人员联系。

二是在隔代消费上的反哺。子女和父母在消费观念上产生分歧，往往出于二者在消费观念上的差异。在上坪村，根据笔者的观察，在隔代消费上，老人们往往是听从子女的安排，如二者存在冲突，则以子女的意见为准。

村民 ZMY 家有一儿一女，女儿已出嫁，儿子结婚后和儿媳一起外出打工，孙女一直是两位老人在家照顾。在 ZMY 家里，笔者发现，孙女的各类用品与老人的用品有很大差异。以沐浴用品为例，孙女用的是一套"启初"品牌的宝宝洗发露和沐浴露，老人们则还是习惯用普通香皂洗澡。

ZMY 解释说："她妈妈在广州打工，好多东西都是她妈从广州买的，像衣服、鞋子啊这些，我们买不好。洗澡的是她妈六月回来给她在沙道沟去买的，我们一般给她也是到沙道沟去买，她妈交接（方言，交代的意思）哒，怕这些地方买到假货，我们老的嘛，反正也不懂，他妈说买么子，我们就买么子。"

ZMY 的孙女还喜欢喝"爽歪歪"品牌的乳酸饮料，据 ZMY 说，她原来给孙女买得多，后来儿媳妇说这个东西喝多了不好，一天最多喝一瓶，她就买得少了。笔者看到，虽然 ZMY 并没绝对按照儿媳的要求，有时一天还会买好几瓶"爽歪歪"给孙女，但嘴上却总是念叨孩子母亲的要求，并经常以儿媳妇的话劝诫孙女。老人们普遍认为，自己在家照顾孩子责任很大，儿女说要买什么、怎么买，自己就听从安排，免得孩子带不好受儿女们责怪。

当然，传统自上而下的代际传承方式并非就此退出历史舞台，在代际品牌传播中，上一辈对下一辈的影响依然存在。例如，在婚丧嫁娶之类的仪式消费中，家里懂"规矩"的长辈会指导后辈对消费品类和品牌的选择。尤其是在结婚相关的仪式中，由于长辈承担了不菲的费用，他们的意见会对晚辈产生较大的影响。

可见，虽然在代际的品牌传播中，代际交流的方式和方向发生了变化，但传统乡土社会以血缘关系为导向的信任和依赖依然是存在的，表现为父母在品牌消费上对儿女无条件的信任，以及儿女对父母一定程度上的依赖，是乡土社会亲情导向交往逻辑的延续。

（二）闲话传播中的品牌消费扩散

闲话传播是熟人社会特有的人际互动方式，是一种人际交往中信息和观点的传播。[1] 广义上，闲话是指发生于村落熟人社会之中人们日常生活中的闲谈杂聊。也有学者认为，闲话特指具有一定信任度的两人或两人以上在非正式场合对不在场的他人及相关事宜的评说。[2] 在日常生活中，人们常将

---

[1] 冯广圣：《一种特殊的人际传播：闲话传播——基于桂东南 L 村的实地考察》，《国际新闻界》2012 年第 4 期，第 30~33 页。

[2] 薛亚利：《村庄里的闲话——意义、功能和权力》，上海书店出版社，2009，第 20~21 页。

"讲闲话"与"大嘴巴""管闲事""八卦"等贬义词等同,指向对人的负面评价。在传统的乡土社会,闲话具有两大功能:一是将私人生活嵌入村落公共生活中,二是由舆论压力形成道德伦理规范。

传统乡土社会中闲话的功能,在当下上坪村"熟人关系"的品牌传播中仍然发挥作用,且主要表现在如下几个方面。

第一,私人品牌消费生活的公共化。

上坪村的村民喜欢"扯白"(聊天)、喜欢串门,堂屋前、场坝里、屋前屋后、水井边、灶台前、小商店,都是村民们闲聊的场所。直到现在,除了睡觉和出门,只要家里有人,村民们就习惯将家里的大门打开,每家门口都摆放几把椅子,走到哪家坐下聊几句,摆摆龙门阵,是常有的事情。在村中,住房非常集中,户与户之间只隔一道院墙或是一条小路,邻居之间的简短交流,甚至可以靠"吼"的方式完成,一些村民经常端着饭碗站在家门口吃饭,边吃饭边和旁边的人聊天。因为串门和聊天是日常性的行为,所以,每家每户添置了什么大件、用的什么品牌,甚至吃的什么菜、喝的什么水,周边的邻居都知道。村民的私人消费生活与村庄公共生活之间的嵌入度很深,有关个体及其家庭消费生活的内容,通过串门和闲聊的方式,基本都能够进入村庄公共生活视野。

在田野调查初期,笔者和很多村民还不熟悉,村民 ZGM 是笔者的带路人。有带路人介绍,村民们都十分热情,每到一处都会搬几把椅子,在堂屋里坐下来聊上半天。ZGM 对村里的情况非常了解,尤其是对其所在的第 3 组村民的家里的情况几乎了如指掌。例如,几个人在外打工、子女从事什么工作、子女是否结婚、每年大概多少收入、修没修新房、有哪些家电、买没买车等,基本上都能说出个一二。

公共化的消费生活使得村民的消费呈现高度的一致性,村民们日常生活中的消费品,尤其是日用品和电器的品牌选择十分集中。村民们普遍文化程度不高,身边的人用什么、说什么是他们消费决策的重要参考。笔者在对上坪村村民品牌认知渠道的调查中发现,46.25%的村民选择其获得品牌信息的主要来源是"身边人的推荐",13.83%的村民选择"看到别人买过"。闲话中的口碑成为村民认知品牌的主要渠道之一，村民们习惯通过身边人的口碑判断品牌和商品的好坏。

> "电视上吹得再好都不一定，周围的人都用得好，都讲好，那肯定没错。你像海尔，我们周围这么多人用，都觉得可以，那就肯定好。"
>
> ——GY，55 岁，个体户

> "我们乡里，一般都是旁边的人说好，就都认为好，买东西的时候，喜欢看哈别个买的么子，一传十，十传百，就都晓得哒。"
>
> ——HXJ，55 岁，个体户

在公共化的消费生活中，无个体、无差异的乡村消费共同体在一定程度上依然留存于转型中的上坪村社会中。传统乡村社会一直是同质同构的，绝大多数农户的生产结构与消费结构都基本相似，"你家生产什么，我家也生产什么；你家消费什么，我家也消费什么"。虽然市场化带来了乡村生产和消费结构的变化，但至少在乡村空间的家庭品牌决策上，这种公共化、同质化的消费倾向，通过人际的闲话交流，成为当下乡村品牌扩散的一种重要的方式。

第二，规范村民个体的品牌消费行为。

乡土社会的行为逻辑依赖道德舆论的压力。英国人类学家马克斯·格拉克曼认为，闲话对社区价值观起到积极的作用，体现了村庄物化交换平等的原则，是一种最基本的带有惩罚性的整体规范，这种规范以疏远、孤立、排斥等方式惩罚闲话中有偏离行为的村民。[1]

吴重庆认为，在乡村主体大量外出的情况下，舆论的道德压力已失灵，无法实现整体的规范功能。[2] 那么，在当前村民的品牌消费生活中，闲话形成的道德、伦理规范作用是否还存在呢？事实上，笔者看到，在上坪村的熟

---

[1] 薛亚利：《村庄里的闲话——意义、功能和权力》，上海书店出版社，2009，第140页。
[2] 吴重庆：《从熟人社会到"无主体熟人社会"》，《读书》2011年第1期，第19~25页。

人关系中,闲话的规范功能一直发挥着作用,约束着人们的消费生活。

例如,对于一些年轻人表现出的超出实际消费水平的享乐主义,村民们会私下议论,甚至在亲戚朋友的闲聊中直接指出来。在春节这样的传统节日中,各家的亲戚都会经常聚在一起,吃饭、聊天、娱乐,谈得最多的就是这一年的所见所闻、收支结余以及来年的打算。过年期间,笔者也参与到各家亲戚的聚会中,与亲戚们坐在一起吃饭聊天。其间,笔者多次听到亲戚们在闲聊中提及家族中的几位年轻人,说他们不知道存钱,有多少花多少,还在外面贷了款。有这几位年轻人在场时,有些年长的亲戚还会隐晦善意地提醒他们,在外面用钱要节约一点,要存点钱给家里的老人和孩子寄回来,不要吃吃喝喝用光了。每当谈到这个话题,在场的几位年轻人要么低下头默不作声,要么默默走开,要么呵呵一笑。虽然笔者没有发现亲戚间的议论与他们的消费行为间的直接因果关系,但是,闲话形成的伦理、道德压力,对他们来说是存在的。

近两三年,村民 ZL 每年春节回家都会被长辈亲戚们催婚,催婚的同时,会讲起节约用钱的话题。这些言论,无形中给 ZL 带来了压力。

"你说没压力,那是假的。每年回来屋里的人都要说,要节约点,攒点钱把媳妇儿娶回来,我也晓得,我老汉儿在屋里把房子给我修起哒,这两年个人还是要攒到点,好娶个媳妇儿。"

——ZL,32 岁,务工

村民 ZBI 家里有两个儿子,和妻子离婚后,孩子就一直由父母照看,自己平时出去打工。春节家里的亲戚坐在一起吃饭、闲聊也常提到他。谈起这些,ZBI 则显得有些无奈。

"别个没明说,我也晓得,哪个不心疼个人的娃儿和父母,在外面找钱也难,只要顾得到屋里,哪个不想?"

——ZBI,36 岁,务工

再如，如果村里哪个人刻意显示自己有钱，进行炫耀式的消费，村民们也会在背后议论，甚至减少与其的交往。村民们认为，"都是认识的几个人，赚到钱了也没什么了不起，不能看不起人，不然大家对你评价就不高，懒得理你"。

闲话产生的舆论压力或社交压力，会通过个体间的反馈，成为村民约束自己行为的重要依据。比如，在恩施市区从事保险行业的村民XZX喜欢追求时尚，比较爱买衣服、化妆品、爱打扮，但笔者在与其交往中发现，她从来不穿款式较暴露的衣服，如吊带装、露脐装、超短裙、热裤等，就连平时化的大浓妆，回家后也会清淡不少。她告诉笔者："穿得太暴露了不好，别个说得难听，还以为自己在外面搞什么不好的事情。"

在以农为本的中国乡村，人们在极其漫长的小农经济社会中，形成了省吃俭用、节制消费的观念。同时，中国传统的消费伦理思想，如保守、理性、从众、孝道等，也深深影响着农村社会的消费观念。因此，在闲话的传播与互动中，这些观念会成为评价他人的标准，对他人形成舆论压力，激活"熟人社会"公认的价值规范。这种乡土行为逻辑在熟人关系中仍然在延续。当然，仅就消费生活而言，这种延续的方式是变化的。闲话的规范功能在人际网络中的作用范围缩小了，大部分人觉得，"不是那几个人，不管那些事情"，只有大家族中的家人和亲戚会聊这些话题，以前"千夫所指""万人唾弃"的局面很难再发生。同时，发生的频率也减少了，正如学者吴重庆所言，在"无主体熟人社会"，"熟人社会"特征的出现呈现周期性，村民返乡时特征较为突出。在上坪村，闲话的作用也存在这样周期性的特征，春节返乡期间，人们聚集在一起，舆论自然会聚集，而随着务工人员的离去，舆论则难以形成。

二 半熟人关系中的品牌传播：乡土与市场的粘连

转型带来的社会结构变迁，使得农村在"熟人社会"的基础上，分化出"半熟人社会"的交往结构。贺雪峰认为，真正意义上的"熟人社会"

是指"生产队",随着行政村的扩大,人口规模超过"熟人社会"的范围,出现信息不对称,由此形成"半熟人社会",或是在信息依旧对称的社会中,丧失了地方性共识,从而使乡土逻辑逐渐消失。①

张婷婷用"粘连"一词概括转型期中国社会乡土伦理与市场理性的关系。张婷婷认为,自市场化改革以来,乡土伦理既未能抵挡市场理性的侵入,也并未被市场理性全盘替代,二者之间的关系既非简单替代,亦非毫不相干,是处于一种介于二者之间的黏合状态。②

笔者认为,"粘连"这一概念能够很恰当地表达半熟人关系中的交往行动逻辑。如果说乡土逻辑是在"熟人社会"差序格局关系网络中形成的人情、伦理、面子、等级秩序等,强调以情感、依附、服从为前提的交往与合作,那么,现代社会的市场逻辑则是在平等的商品交换基础上形成的理性、契约、差异、自由,强调制度、规则高于人情、面子。市场逻辑对乡村社会的人际交往产生了很大的冲击,但传统的人伦秩序、人情关系仍然发挥着重要影响,二者之间是包容并粘连在一起的。

本书的研究对象上坪村,是一个自然村落,是以亲缘、血缘关系聚集在一起形成的乡村聚落,因此,"熟人社会"交往形态得以留存。但现代化进程中一系列市场和技术因素的冲击,又让乡村社会的人际关系网络呈现半熟人化的特征。在半熟人关系的品牌人际传播中,传统的乡土逻辑和现代的市场逻辑"粘连"在一起,作用于人际的品牌互动与交流。

(一)"城市—流动者—乡村"的双层消费示范

城乡流动是乡村半熟人关系产生的重要原因,也是市场逻辑发生作用的前提。

与非流动村民相比,流动村民对品牌消费生活的追求和判断,往往与其交往的城市居民有着较大的关联。这种交往并非是基于血缘、亲缘、地缘关系形成的,而是基于业缘、趣缘等关系形成的。流动带来了村民个体社会网

---

① 贺雪峰:《新乡土中国》(修订版),北京大学出版社,2013,第8页。
② 张婷婷:《市场理性与乡土伦理:一项基于征地补偿引发的家庭纠纷的社会学研究》,《华东理工大学学报》(社会科学版)2012年第1期,第12~18页。

络异质性的增加，而这种异质性交往的形成，不是发生在消费结构平面化的、无差异的传统社会中，而是嵌入消费结构异质性的现代社会。因此，市场消费规律会作用于人际交往，并形成消费示范效应。

经济学中的相对收入假说认为，居民消费具有示范效应，受到消费水平高于自身的邻居和周围居民消费的影响。由于我国城乡长期的不平衡发展，城市居民在消费水平上明显领先于农村居民，在流动农村居民长期与城市居民的接触和交往中，消费的示范效应会发生作用。具体到上坪村，这种品牌消费示范效应的发生又分为两个层次。

第一，务工村民在与城市居民交往中的直接示范效应。

流动是上坪村青壮年村民的生活常态。在与同事、工友、客户等不同城市居民的交往中，他们会逐渐接受城市居民的消费习惯和消费方式，消费行为会不断受到城市居民的示范性影响。

与大部分购车村民选择国产品牌汽车不同，村民 ZZY 购买的是中德合资生产的大众宝来。ZZY 在一家钢结构生产企业当工人，还曾被派出国务工，谈起为什么选购这款车，ZZY 告诉笔者，主要是受车间同事的影响。

> "要买就买德国车。我们车间那些广州的同事，都是买大众的，我说要买车，他们都劝我千万莫买国产车，所以我一打算买车，就是准备买大众的，国产车没考虑过。"
>
> ——ZZY，57 岁，务工

现在在宣恩从事美甲行业的村民 ZEH 告诉笔者，他 15 岁初中毕业后，就去上海学习美容美发技术了，2016 年才回宣恩。笔者看到，他使用的是一款苹果手机，当笔者问及其选择苹果手机的原因，ZEH 的回答与 ZZY 有几分相似。

> "这是我买的第二个苹果手机，在上海买的。我那时候在上海一家比较大的美发店做学徒，我们店里的同事，还有来店里的客人，好多都

是用苹果。所以当时就买了苹果，也有赶时髦的想法吧。不过现在好像苹果不流行哒，我再换手机的话也不得买苹果了。"

——ZEH，27岁，美甲师

不难发现，在流动村民以业缘关系为基础的人际交往中，城市消费示范效应的发生十分直接。当然，这种示范效应也受到流动村民在城市所从事职业的影响，在那些工作对外交往较为频繁的村民中，示范效应发生比较显著。如笔者提及的ZZY和ZEH两位村民的职业，都与城市居民交往较多，这让他们对城市居民的消费生活了解比较深入，示范效应发生的可能性较高。

第二，流动村民在村内人际交往中的间接示范效应。

流动中的村民，一方面与新认识的城市居民交往，另一方面仍会保持与原有亲戚、同乡等的交往。因此，城市居民的品牌消费示范效应，会通过进城务工的村民与原有社会关系中的亲戚、同乡等的交往间接发挥作用。

以电饭煲和液化气灶为例。上坪村大约有三分之一的家庭有电饭煲和液化气灶，同时每家也都有柴火灶。部分村民家中的电饭煲和液化气灶是打工带回来的，他们在城里租房时购置了这些物品，如果换了地方或者回家了，就把这些生活用品也带回家里。对于家里传统的消费生活方式，很多人表示有些不适应。

"在外面有时候想回来，回来哒也有好多不习惯。我们在外面都用的煤气灶，这个土灶弄饭，一哈要加火，一哈又要到灶台后面炒，搞得一脑壳灰，就像灰老鼠。城里好多东西乡里也买不到，像小娃儿吃的零食这些，铺子里的东西我不大敢买，有点不放心。"

——PXF，31岁，美容师

"不说别的，就说厕所。我去年修新房子的时候，哪里都不讲究，厕所硬是要搞好，跟城里搞成一样的，洗脸池、洗衣机、大便池、热水器，都要安起。那个老式的厕所，猪圈里头，夏天蚊子围到一起咬，又臭，以往不觉得，现在硬是蹲不下去。"

——ZZJ，39岁，半工半农

务工回家的村民们，纷纷仿照城市品牌消费生活的样式，对乡村消费生活进行改造。这种改造会通过乡村原本的关系网络扩散，形成间接的示范效应，而这种示范效应的发生，又与传统乡村人际交往中的"面子"是分不开的。

例如，一些在外打工的村民，回家修起了水泥洋房。新修的住房大都是仿照城市住房的样子进行的修建和装修。在这些村民的带动下，村里兴起了修新房子的热潮，大部分村民都修建了新房，甚至越修规模越大、楼层越高。村里人评判一个人在外打工赚没赚到钱、儿女混得好不好，修没修新房是重要的评价标准之一。村民们在外打工累积的财富，需要在回乡的消费展示中，寻求原有乡村社会的认同。

除了面子，在人际交流中，在外务工的人们也将现代的品牌消费观念带回家里。小超市的店主告诉笔者，近几年，打工回来的人都知道买东西要看品牌好坏、生产日期，特别是吃的，她现在进货都要进正宗的、有牌子的。以前，老人来买东西都没人看这些，长霉了都有人买，现在很多打工回来的儿女都会教父母相关的品牌消费知识，检查家里吃的东西有没有过期，甚至有人把过期的东西全部丢掉。

我们很难具体的区分清楚，在城乡流动的消费示范效应发生过程中，哪些是乡土逻辑的延续，哪些是市场逻辑的驱动。当我们讨论市场规律对人际品牌传播的作用过程时，会清晰地看到村民的行为仍嵌入在以"差序格局"为特征的传统社会结构之中。可以说，流动中品牌消费示范作用的发生，是乡土与市场双重逻辑粘连的结果。

（二）半熟人生意中人情与理性交织的消费引导

费孝通先生在《乡土中国 生育制度》中指出，"在亲密的血缘社会中，商业是不能存在的"，因为在乡土社会中，"交易是以人情来维持的"，而商业活动需要的是冷静考虑，不是感情，"于是理性支配着人们的活动"。① 这说明，乡土逻辑中的生意往来靠人情支撑，市场逻辑中的生意往来靠契约和理性支撑。那么，在上坪村老乡们的生意往来中，人情与理性是怎样的关系呢？

笔者入户走访调查了村民各类品牌商品的购买来源，很多村民会准确地说出销售者的姓名。这些卖家大都是十里八乡认识的人，有卖手机的、卖化妆品的、卖电器的、卖建材的等，对村民们的消费有着不小的影响。例如，很多村民使用的樱花牌电热水器，就是村里某位年轻人销售的，他还承接了许多村民修新房的工程，在修房子的同时就将热水器一起卖了出去。村民们普遍认为，"都是这一方的人，生意能照顾就照顾，买起来也比较放心"。可见，人情效应在半熟人生意的往来中仍发挥着作用，这些与村民相互熟悉认识的生意人，发挥着品牌消费的引领作用，是人际网络中的重要"意见领袖"。

在移动互联网普及的时代，熟人的生意发展出另一种表现方式——微商。微商是在微信广泛使用基础上发展起来的基于熟人关系的人际品牌传播方式。近两年，微商在农村发展得如火如荼。在上坪村，从事微商这一行业的主要是中青年女性，她们或是要照顾家庭而不能外出务工，或是找不到理想的工作，微商似乎为她们带来了就业或创业的机会，且进入门槛很低，于是纷纷投身其中。她们大多能熟练掌握微信等在线社交软件的使用，并且有一定的熟人社交圈子，主要销售的是一些日用品、化妆品、保健品，通常都是一些不知名的品牌。笔者通过与上坪村几位女性微商的交往和对他们的在线观察，发现她们通过微信进行的营销传播主要有三种方式。

第一，微信朋友圈刷屏。微商们通常会销售好几个品牌，每天会通过刷屏在微信朋友圈发一些保健知识、护理知识、心灵鸡汤、个人使用体验、微商品牌方活动等内容的小视频。

第二，熟人私聊。对于微信好友中有可能成为顾客的熟人，她们往往会

---

① 费孝通：《乡土中国　生育制度》，北京大学出版社，1998，第32页。

通过各种方式私聊，并通过线下见面推销各种产品，如赠品、试用品、会员等。

第三，建群推销。对于买过产品或者有兴趣的人，她们会建立一个客户微信群，在群中会每日问候，发送各种品牌和产品信息，热心地回复咨询，提供参考意见。由于微信群常常是熟人，他们还会在群里和熟人拉家常、谈生活，表现得比平时更亲密一些。

这些社会化的营销传播方式，在半熟人关系中，能够通过人情效应发挥一定的作用，村民们会出于人情购买微商销售的品牌产品。笔者在村民QZJ的家中看到，其使用的洗洁精、洗衣液、牙膏等日常用品都是一个叫作"X叶"的品牌，QZJ是在一个做微商的亲戚那里买的。

> "我娘家一个表侄女在卖这个，她卖得起鼓子（方言，起劲的意思），一开始给我送了好几样，要我试用，硬是不要我的钱。我用哒一哈，觉得和超市里买的也差不多，价格也还不贵。这个洗洁精，这么大一瓶才十块钱，反正找哪个买都是买，照顾下她的生意。她还要我也跟到她一起卖，我搞不好，嘴巴不会说。"
>
> ——QZJ，55岁，家庭主妇

同时，微商也会采用理性诉求的营销策略。例如，村民XZX加入某微商品牌的销售后，常备着一套实验设备，主要是为了在销售产品时现场给客户做对比实验，证明其销售的日用产品的质量和成分等。而在其家中，笔者也看到，她自己使用的各类日用品和护肤品，大多都换成了这一品牌的产品。她每天会通过微信展示其在日常生活中使用的体验和感受。XZX坦言，不论以哪种方式销售，与对方是否是熟人都非常重要。

> "我感觉做微商和我卖保险都是一样的，产品也要好，也要熟人多。认得到的人，你只要把功能给他一演示，他一看，是还可以，自己也需要，不要多说得，一般都会照顾生意。认不到的人，那你莫怪，有

的人你给赠品他拿起，要他拿钱买，他不得搞。"

——XZX，34 岁，保险销售

从消费者的角度看，对于"这一方"人的生意的支持，也是以售卖产品的好坏、真假、功效、价格为基础的，不会因为仅仅是熟人就购买。例如，村里的人常常提起，村里小卖店的海飞丝和舒肤佳都是假的，买这些东西要去大超市。同样做了一段时间微商的 ZMZ 认为，自己卖的产品质量不错，只是因为价格偏贵，不适合农村人，所以生意不好。

"我原来卖这个牌子，产品好是好，就是价格贵了。这个洗衣液里面不含荧光剂，比洗衣粉好些。但是我们这里的人找不到这些，他们觉得洗衣粉才几块钱就好大一袋，比这个耐用，刚开始的时候有人碍到面子买几次，后面就没得哪个买哒。"

——ZMZ，43 岁，村保育员

根据笔者观察，大多数情况下，亲戚朋友们往往为了支持生意或碍于情面，从人情出发，会从熟悉的微商处购买几次。但是，由于品牌知名度不高，且购买不如实体商店方便，所以持续购买的人并不多。可以发现，在以"这一方"人的地缘关系为基础的半熟人生意中，人情效应和理性选择是交织在一起的。理性需要通过人情发挥作用，讲人情的生意中也有理性的选择，二者相伴相依，互相影响。

三 陌生人关系中的品牌传播：人际信任大于制度信任

"陌生人"即不认识或不熟悉的人，"陌生人"的概念与现代社会的到来关系密切。吉登斯指出，"陌生人"指某个来自外部世界并潜在让人感到疑虑的人[①]，"陌生人社会"及其相关伦理问题的提出，与现代性有着本质

---

① 安东尼·吉登斯：《现代性的后果》，田禾译，译林出版社，2000，第 124 页。

上的关联①。齐美尔用"漫游者"来形容"陌生人",认为"陌生人"是指特定地域空间的潜在漫游者。②鲍曼指出"陌生人"与异己者或外邦人(Foreigner)不同,"陌生人"并不是一个简单的新来者,它代表的是"物理上的接近和精神上的疏远"。③费孝通在阐述"熟人社会"时指出,乡土社会是"熟人社会",而现代社会是"陌生人"组成的社会。④

从中外学者对"陌生人"的定义看,"陌生人"是通过与"本地"之间的关系来界定的,并且具有某种对"本地"的侵扰性,"陌生人"常被认为是一种人际关系的象征。确实,与"陌生人"交往是现代社会人际交往的主要内容。正如美国法学家弗里德曼在《选择的共和国:法律、权威与文化》中的描述:"我们打开包装和罐子吃下陌生人在遥远的地方制造和加工的食品,我们不知道这些加工者的名字或者他们的任何情况。"⑤ 社会的现代化,使不相识的个体之间产生了相遇和互动的可能。

在本书中,笔者用"陌生人"关系来指代人际交往时间短且选择性高的松散关系,主要指品牌有关销售人员。如果说与陌生人交往是现代社会人际交往的主要内容,那么这种交往应遵循的是市场理性逻辑,以契约和制度信任为基础,而非"熟人社会"间的人际信任。那么,对于生长于乡土社会的村民来说,市场逻辑又是如何影响他们与陌生销售人员的交往的呢?

(一)线下交往中与陌生人建立交情性消费

随着农村市场的逐渐繁荣,商业竞争愈加激烈,在各种消费场所与陌生的品牌销售人员相遇,是村民日常生活中的常事。

与城市居民与陌生人交往中的疏离和敬而远之不同,村民们与陌生的销售人员交往时,常常会论交情。这种交情可能因地缘关系而形成,也可能是

---

① 安东尼·吉登斯:《现代性的后果》,田禾译,译林出版社,2000,第1页。
② 齐美尔:《社会是如何可能的:齐美尔社会学文选》,林荣远编译,广西师范大学出版社,2002,第341页。
③ 齐格蒙特·鲍曼:《现代性与矛盾性》,邵迎生译,商务印书馆,2003,第90页。
④ 费孝通:《乡土中国 生育制度》,北京大学出版社,1998,第10页。
⑤ 弗里德曼:《选择的共和国:法律、权威与文化》,高鸿钧等译,清华大学出版社,2005,第86页。

因经常的买卖而建立，交情中的信任常常会大过"陌生人社会"的制度信任。

例如，村民TMH在恩施一个居民小区开了一家小便利店，平时大部分时间生活在城里，一些重要的节日才会返回乡下。由于进货的需要，TMH的丈夫买了一辆长安面包车。TMH告诉笔者，车的保险是在小区内一位卖保险的老乡那里买的，已经买了几年了，她常常在自己的店里买东西，一来二去就熟悉了。但当笔者问起买的哪家公司的保险和买了哪些项目时，TMH表示自己也不是太清楚，反正就是最基本的几项，大概花费2000元。笔者发现，TMH在提到某个陌生人的时候，比较喜欢强调其宣恩人或者沙道沟人的身份。TMH表示进城后认识了很多以前从未打过交道的老乡，只要听人说起家乡话，就觉得特别亲切。

对很多农村居民来说，即便处于陌生人关系中，也依然习惯用传统熟人社会的人际信任模式来进行人际交往，与陌生人谈交情，而不是了解所购商品的质量、品牌、内容，这正是这种信任方式发生的体现。正因为这样，"杀熟"才常常发生在陌生人关系的交往中，这个"熟人"可能不再是传统乡土社会所定义的熟人，而是"陌生人社会"中遇到的假"熟人"，也许他们披着"同乡""同学""同族"的温情外衣，但实际上却是市场化的理性商人。

村民PXF跟笔者谈起过她买车时被"杀熟"的经历。

"现在这个社会，熟人也要看是哪个，有时候熟人也信不得。我上次买车的时候，开始也是别人给我介绍个熟人，说都是沙道的老乡。我去找他，他给我报的价比我个人问的还贵些，你说是么子老乡？"

——PXF，31岁，美容师

在村民ZGL家，笔者在电视旁的柜子上，看到零散摆放着几个手机，都是杂牌的非智能手机。ZGL告诉笔者，这些手机没用了，都是联通移动的人上门推销办理的，他们来推销手机的时候，勤快得不得了，有一个还帮自己砍猪草、喂猪食,手机只要存一两百元话费就送一个,来推销的人一多,就办了好几个。

在村里,还会时常出现上门推销的陌生推销员。笔者在村民 ZGN 家发现,他购买了一个肩部按摩器、一个按摩锤。ZGN 告诉笔者:"这是别人上门推销的,那个推销员嘴巴特别乖,'叔叔''嬢嬢'(方言,阿姨的意思)喊得十分亲热,还耐心地教自己怎么使用,搞了半天,不好意思不买,就买了两样,自己经常身上酸疼,用起来觉得还可以。"ZGN 一直询问笔者,自己是不是上当了,当笔者在网上比对了价格,告诉他没有上当时,他觉得很是舒心。

不难看出,两位村民在面对陌生销售员时,销售员的嘴甜、勤快等因素战胜了价格、实用性等理性因素,成为影响他们品牌购买决策的主要原因。在陌生人关系的品牌传播和互动中,商品和品牌固然重要,但卖东西的人也十分关键,讲情面、讲交情仍然是大部分农村居民习惯的信任模式。

(二)线上互动中对陌生人的警觉性消费尝试

互联网提供了与陌生人交往的更广泛空间,与线上陌生的品牌相关销售人员进行互动时,村民们更多地表现为排斥、警惕和怀疑。

1. 在线客服:有没有用?

在网络购物中,在线客服是商家与顾客交流的主要渠道,以让消费者了解商品信息、增强与消费者的互动。与城市消费者将与客服交流作为网络购物中重要环节不同,上坪村的消费者似乎并不认为网购需要与客服进行过多的交流。

以网购相对较多的村民 ZMZ 为例。ZMZ 喜欢在淘宝上买东西,由于与 ZMZ 较为熟悉,笔者观察了几次她网络购物的过程。一次是购买手机壳,ZMZ 的手机是 OPPO 的,她想在网上买一个带钻的手机壳。笔者看到,她按照手机的品牌和型号在手机淘宝上进行了搜索,挑了在搜索结果页面排在前面的一些店铺点击进入浏览,挑选手机壳的花色。在和笔者就花色问题简单讨论一番后,她选定了一款玫瑰图案带钻的手机壳。为了怕自己选错了型号,ZMZ 与客服进行了简单的交流,确认了是自己使用的手机型号,便下单购买了。在整个购物过程中,她费时最多的是挑选花色和价格环节,基本没有与客服就商品的质量、售后等问题进行过多的交流。另一次是在淘宝给自己买一件夏装,与买手机壳一样,ZMZ花了大量的时间通过浏览商品详情页,搜索和选择自己喜欢的款式。下单购买后,笔者询问她是否问过客服尺码、发货时间、退换货运费、售后等一些问题,ZMZ表示那样太麻烦,自己主要了解了尺码大小。

笔者与几位平时有网购行为的村民聊起对在线客服的看法,她们的态度与ZMZ有几分相似。

> "我主要是在网上买衣服,客服有时候也问一下,主要是看尺码大小那些,怕搞不准。其他的很少问,我觉得问也起不到好大作用,卖东西的肯定是讲她东西好嘛,不合适的话反正可以退货,无所谓。"
>
> ——ZML,32岁,务工

> "网上卖东西的那些,一开口就是亲啊、姐啊,我觉得假得要死。我在网上买东西也没得那些多话,觉得有必要问就问下,没得必要就直接下单买了。"
>
> ——ZSQ,36岁,务工

相对于线下的销售人员来说,村民并未将在线客服看作可以交流与沟通的对象,也不会在交流中有过多的情感投入。对于村民们来说,客服是陌生的也是遥远的,是完完全全的"外人",在计算机中介的陌生人交流中,村民们多少显得有些不适。这种不适一方面来源于对传统人际互动方式的依赖,另一方面也是因为对陌生人关系中制度信任的不安。传统的人际关系网络和互动方式,带给他们安全感和秩序感,而在计算机中介的陌生人交流中,他们还并未习惯如何通过市场的契约、规则建立信任和认同,因此,他们更多地选择逃避这样的交流情境,以躲避风险。

2. 好友添加警惕：卖东西的陌生人

微信朋友圈是基于强关系维系的社交平台，但是，随着微信应用边界的不断扩展，原先以熟人为主的封闭朋友圈越来越开放和流动，亲人、好友、同学、同事等不同圈子的人相互混合，边界逐渐模糊。正如鲍曼所言，"使某些人成为陌生者的东西，恰恰是他们本应该清楚的边界变得模糊的倾向"。①

将潜在的客户加为微信好友，维持与客户的日常性交流，成为当下品牌营销传播者重要的人际互动方式。对于这类陌生人的微信好友添加请求，村民们保持着一定的警惕。

在田野调查的过程中，为了与村民加强联系，并观察他们的网络使用行为，笔者希望能多添加一些村民的微信，由于有带路人引荐，线下添加微信的过程十分顺利。但是，在微信问卷发放的过程中，由于问卷发放平台在问卷末尾设置了抽奖，奖项中夹杂着品牌广告，一些未与笔者见过面的村民对笔者的身份产生了怀疑，认为笔者是以发放问卷末尾的广告为目的的，笔者通过微信进行了详细的解释，才打消了他们的疑虑。

例外的是，扫码添加好友领取礼品的促销方式是很多村民可以接受的。超市搞促销活动，扫码领礼品的方式很管用，特别是赶场的时候，领的人很多。常在农村超市做促销的一位日用品经销商告诉笔者："农村里嘛，扫一下码就可以领包纸巾、领个扇子、领瓶几毫升的赠品装，好多人都还是愿意。"在镇上做化妆品生意的 ZXM 也告诉笔者，每天都会有几个陌生人申请加她为好友，都是在她店里的老顾客推荐的，这种方式给她带来了好多新顾客，因此自己的微信朋友圈也会经常发一些与化妆品相关的广告信息。

不难发现，村民在添加以销售为目的的陌生人时，要么是原有熟人关系的扩展，要么是利益的交换，他们对陌生人保持着警惕，同时，又似乎不由自主地卷入陌生人的世界中。个体的公私界域不明、熟悉与陌生的差异消失、身份意识模糊的特征，都逐渐在村民们的线上交往中显现。正如梵·迪克认为的，"个人正在成为网络社会中最重要的环节，网络是个体化的社会

---

① 齐格蒙·鲍曼：《后现代性及其缺憾》，郇建立、李静韬译，学林出版社，2002，第24页。

搭档,利用网络,个体创造了一种非常灵活的生活方式和地理上分散关系的纵横交错"[1]。网络的个体化构成了相对灵活的人际互动关系,并将村民卷入陌生人的网络世界中。人际信任大于制度信任的交往逻辑塑造了乡村品牌扩散的陌生人关系网络,促成了品牌扩散的完成。

第五节 本章小结

在品牌乡村扩散的过程中,电视、新媒介、购物空间、人际网络成为品牌扩散的主要传播路径。

一 电视成为扩大品牌知名度、刺激品牌消费欲望的有效途径

正如罗杰斯对大众传播在扩散中的效果的判断:"大众传播是最有效的创新信息传播渠道——让受众认识创新"[2]。在乡村,电视不仅让乡村消费者认识了品牌,还通过镜像效应、框架效应、涵化效应操控着他们的消费欲望。电视中消费主义的物质镜像,让物质和"生存意义"都相对匮乏的村民沉迷其中。在对电视镜像的"凝视"中,村民们将自我和电视镜像中的他者联系起来,进而抛开真实的自我,欲望着他者的欲望。电视广告使用贴近乡村品牌消费者日常生活的属性框架和适应村民消费渴望的积极目标框架,通过重复和感性叙事的框架策略,完成对村民的劝服。电视传播的文化涵化作用,让村民对城市生活有了最初的认同,形成了对城市消费生活的向往。

二 新媒介是品牌扩散的新型传播途径,新媒介在对消费者赋权与去权的过程中,对品牌的乡村扩散产生影响

就赋权的来源或类型来看,外部赋权和自我赋权两种模式在新媒介的

---

[1] 简·梵·迪克:《网络社会——新媒体的社会层面》(第二版),蔡静译,清华大学出版社,2014,第40页。
[2] E. M. 罗杰斯:《创新的扩散》(第五版),唐兴通、郑常青、张延臣译,电子工业出版社,2016,第20页。

品牌扩散中都发生作用。信息供给增加和企业权力让渡形成了对品牌消费者的外部赋权：品牌消费信息供给的增加，扩大了品牌消费者的选择权，企业与消费者之间信息不平衡的现象得以逐渐消解；企业权力让渡让消费者的法定权力有所增加，消费者主体地位的合法性得到了普遍的认可。新媒介的参与式传播特征，让乡村品牌消费者能够通过参与和互动，打破由传者垄断的品牌消费文化生产格局。社交电商的兴起，降低了农民参与品牌销售的门槛，将销售者与消费者的角色合二为一。参与和互动降低了品牌信息的获得成本，提升了品牌信息的交换效率，实现了消费者的自我赋权。

与赋权过程相伴的，是新媒介品牌素养缺乏对消费者的去权。在新媒体时代，消费主义的意识形态以更日常化和隐蔽的方式存在于定向广告、网络信用支付、场景化营销等新媒体形态中，一些乡村消费者由于缺乏相应的新媒介素养，无法批判性地利用信息，往往不由自主地沉迷其中，产生媒介依赖，失去信息供给带来的权力增长。

三 购物空间是品牌扩散的独有渠道，乡村购物空间对品牌消费者的规训及消费者的日常抵制实践，影响品牌的扩散

传统集市是在自然经济体系中自发形成的周期性市场，是农村公共生活空间的集中体现。在市场化的影响下，现代乡村集市既是传统交换发生的场所，又是村民品牌消费启蒙的地点。松散的集市贸易为低档、山寨品牌和产品提供了流通的空间，并成为村民日常消费生活的一部分。低档和山寨品牌在某种意义上承担了普及和过渡的功能，在中国乡村特殊的转型进程中迸发出一种源自草根的解构力量，营造了多元的消费文化格局。

小镇商街是乡村新型购物空间的代表，在快速城镇化背景下，商街呈现类城市品牌消费空间的景观特质。类城市化的小镇商街，是城市品牌消费空间的下沉和浓缩，它迅速融入村民的日常生活，并催生着变化。商街的出现，一方面极大地丰富了村民消费生活的物质体系，另一方面营造了具有地方感的品牌消费氛围，塑造和培养了村民独特的消费个性。

在乡村购物空间现代化和市场化发展进程中，国家和市场是乡村购物空间权力规训的主体，而超市是这一权力关系集中体现的场景。从计划经济到市场经济，国家权力规训的空间从供销社变为超市，机制从控制流通走向促进消费。计划经济时代，国家通过供销社特定的空间组织与空间关系，压制消费欲望，限定了购买范围和资格，区隔了城市和乡村。随着市场经济的发展，国家通过"万村千乡""双百市场"等一系列市场工程，促进消费升级，改善城乡商品流通环境，建立、引导和规范以超市为代表的现代乡村流通体系和规则。同时，市场经济的发展，也让市场主体成为乡村消费场景的主要规训力量。市场以利益为主导，其权力规训的指向是空间利益的最大化。因此，市场的权力规训主要通过渠道占领、不平等供给、消费者培养的方式实现。辩证地看，至少在乡村品牌消费的转型发展进程中，超市作为空间权力关系体现的场景，一方面完成了国家与市场对消费者的控制与驯服，另一方面也促进了消费的现代化。

品牌专卖店是乡村消费者品牌消费的主场。"专卖不专"是乡镇专卖店与城市专卖店最大的区别，大部分的乡镇专卖店会兼营一些其他品牌的商品。相较于城市消费者，乡镇品牌专卖店的消费者觉得实体店更可靠，他们关注销售渠道的正规性，愿意通过现场触摸比较筛选，喜欢向销售人员询问产品的各种功能，喜欢固定的店铺以方便售后。同时，村民的日常品牌购买和消费实践展现了德·塞托空间实践中个体以微小的、流动的、非制度化的行为对抗中心权力所带来的划分、区隔等形式的规范空间的特征，表现出村民对消费主义本能的抵制。村民通过"改造"空间运作规则和"挪用"空间构成要素两种形式的日常品牌消费抵制"战术"，让日常消费生活显得生机勃发、妙趣横生。

四　人际网络是乡村品牌扩散最核心的渠道，人际网络中不同关系类型的交往逻辑是影响品牌扩散过程的关键

罗杰斯认为，与大众传播对让受众认识创新的有效性比较起来，人际沟通是说服用户采纳新观点的最有效途径，且扩散过程的核心在于人际关系网

络模型。① 人际关系是乡村维系的重要纽带，在乡村情境的品牌人际传播中，人以何种关系为基础进行对话和沟通，是品牌传播扩散的关键。随着乡村社会的变迁，人与人的关系和交往逻辑也发生着变化。乡村社会研究者们普遍认为，在乡村转型的进程中，乡村社会的人际关系网络存在"熟人""半熟人""陌生人"三种人际关系，存在乡土和市场两种交往行动逻辑。乡土与市场两种交往行动逻辑在不同的人际关系类型中以不同的方式作用于人际关于品牌消费的互动与对话，并形成对品牌扩散的影响。

熟人关系遵循乡土交往逻辑，这种交往逻辑中的品牌扩散主要有两种方式：一是通过代际反哺形成的消费信任倒置扩散，二是通过邻里间的闲话传播扩散。半熟人关系遵循乡土与市场粘连的交往逻辑，这种交往逻辑中的品牌扩散，主要通过"城市—流动者—乡村"的双层消费示范效应和半熟人生意中人情与理性交织的消费引导发生作用，其中流动者和半熟生意人成为扩散网络中重要的"意见领袖"。陌生人关系遵循人际信任大于制度信任的交往逻辑，品牌扩散主要在村民与线下陌生人的交情式关系和线上陌生人的警觉性关系中完成。

---

① E.M. 罗杰斯:《创新的扩散》(第五版)，唐兴通等译，电子工业出版社，2016，第21页。

第三章
乡村品牌消费的转型跃迁

品牌从城市扩散到乡村，对乡村消费产生了深远的影响。从历时性的角度来看，随着中国社会快速发展，乡村品牌消费呈现"跃迁式"的转型发展特征。"跃迁"既表征着乡村品牌消费的巨大变化，也概括了乡村品牌消费跨越式、压缩化的发展进程。

第一节 品牌消费物的显性提升

一 大件商品：从精英之物到大众之物

关于消费物与阶层之间关系的讨论，可以追溯到马克斯·韦伯的研究。韦伯在《经济与社会》（上卷）一书中，探讨了阶级和市场的关系，他用"阶级处境"这一概念来解释人们市场能力和生活机遇的差异，并认为阶级是指在市场机会、生活机会和经济利益等方面有着相似性的群体。① 此后，凡勃伦提出的"有闲阶级论"、埃利亚斯提出的"文明进程论"以及布迪厄从消费的社会区隔出发对阶级关系的认识，都为研究消费物与阶层的关系提供了丰富的理论资源。

---

① 马克斯·韦伯：《经济与社会》（上卷），林荣远译，商务印书馆，1997，第333页。

(一)改革开放初期:"三大件"与乡村精英品牌消费

自 20 世纪六七十年代开始,手表、自行车、缝纫机成为我国城市消费者追求的目标,被称为"三大件"。由于当时国内轻工业发展缓慢、消费品短缺,国家不得不采取凭票、凭证、计划供应的办法保证消费供给。票证加上限量,是计划经济表现在消费品领域的基本特征,本质就是短缺。因此,类似"三大件"这样的紧俏商品,常常出现消费者"一票难求"的现象。也正是这一时期,以"三大件"为代表的轻工业产品品牌,随着该类品牌消费品在城市的逐步增多,渐渐进入人们的视野,开始流行起来。永久牌自行车、上海牌手表、蝴蝶牌缝纫机等一批国内轻工业产品品牌,逐步走入了国人的日常生活。

在农村市场,日常消费品的购买和供应能力更加有限。20 世纪六七十年代,我国农村处于农业集体化时期,农村居民整体收入较低,几乎没有任何购买力。到 1978 年,我国农村居民的人均可支配收入仅为 134 元[①],同年,上坪村所在的宣恩县,农村居民的人均可支配收入仅 74.4 元,远远低于全国平均水平[②]。据当时的村大队书记回忆,20 世纪 70 年代,村里每年"进钱户"(公社在核算公分及购买下一年集体生产资料后,还能够有收入的家庭)约占 70%,"缺钱户"(所挣工分无法抵扣生产队分配口粮的折价款,需要向生产队交一定数额的钱才能分配到粮食的家庭)约占 30%,农村居民人均收入远远达不到宣恩县的平均水平,村民们几乎都是在温饱线上挣扎。对上坪村村民来说,"三大件"一类的紧俏商品无异于奢侈品,既买不起也买不到。

改革开放后,即 20 世纪 80 年代开始,农村开始实行家庭联产承包责任制,这使得农民可支配收入有所提升。同时,宣恩县开始在农村大力推广发展柑橘种植产业,这也让上坪村村民尝到了种植经济作物的甜头。

"我们村大概是在 1979 年、1980 年开始种植橘子,几乎每家每户

---

① 《波澜壮阔四十载 民族复兴展新篇——改革开放 40 年经济社会发展成就系列报告之一》,国家统计局官网,2018 年 8 月 27 日,http://www.stats.gov.cn/ztjc/ztfx/ggkf40n/201808/t20180827_1619235.html。
② 宣恩县地方志编纂委员会编《宣恩县志(1979~2000)》,方志出版社,2011,第 17 页。

都种。83（1983）年、84（1984）年就开始受益了，一年平均下来毛收入能有个3000~4000元。但是种得多，投入再生产的钱也多，毛收入大部分都要投入第二年的再生产，节余的很少。那几年大部分人家吃饭的钱都有了，别的消费还是很少。"

——ZGM，67岁，务农

整体来看，20世纪80年代开始，农村居民人均可支配收入是增长的，到1985年，宣恩县农村居民的人均可支配收入达到221元，比1979年几乎多了2倍，但农村居民总体购买力仍然非常低。1985年，宣恩县全县总人口30.12万人，农业人口28.39万人，从全县百货和五交化商品销售的统计数据来看，这一年，全县销售自行车2290辆、缝纫机829架、手表15661只、电视机457台、半导体收音机712部、录音机878部、洗衣机270台、电风扇791台、电冰箱35台。① 可见，在20世纪80年代中期，全县能够买得起以"三大件"为代表的消费品的人还很少，在上坪村也只有极少数乡村精英及其家庭能够买得起这类商品。

一是"半边户"。当时，社会上称一方为农村居民、一方为城镇居民的夫妇为"半边户"。一般来说，丈夫在城镇工作，是城镇户口，如乡镇干部、乡村教师等，妻子和子女仍为农村居民，居住在农村。这类家庭，成为上坪村最早购买和使用"三大件"一类轻工业商品的消费者。

"八几年的时候，我老汉儿在沙道沟镇当干部，一个月工资大概几十块钱。我们家在村里情况算比较好的，他上班在沙道沟（镇），离家有十几里，那时候家里就有了一辆永久的自行车，他上下班时会骑，后来我在镇上上初中，也骑车去。那时候人穷，一个队（指生产小队）最多也就三四家有自行车。"

——ZB，42岁，公务员

---

① 宣恩县志编纂委员会：《宣恩县志》，武汉工业大学出版社，1995，第216页。

"我老汉儿那时候是小学校长,那在我们那一方也是威望很高的人物。后来常听我妈说,1980年,我老汉儿生活中发生了三件大事:一是生了我大姐,二是转成了公办教师,三是买了一块海鸥牌手表。"

——TQ,41岁,教师

二是家里劳动力充足,搞副业的家庭。农村改革包产到户后,农民获得了生产和分配的自主权,劳动力充足的家庭在收入上有了大幅度的提高。1982年,宣恩县大力落实家庭联产承包责任制,当年,一些大队出现了收入较高的"尖子户"。中间河大队八生产队社员杨仕伴,全家13口人有7个劳动力,种责任田,兼营加工和养猪,全年收入达11000元;李家河公社塘坊大队六生产队社员段绍辉,全家7口人有2个劳动力,种责任田,兼营养猪和煮酒,年底收入达8732元,人均1247元。① 在上坪村,虽然没有这样的"尖子户",但一些有手艺、劳动力充足、会搞副业的家庭,既发展副业又种植柑橘,收入提高比较快。他们是村里最初的经济精英,也是最早购买"三大件"一类商品的消费者。

"80年代,我们上坪四个队,大概有十几二十辆自行车。除了几家是半边户,基本上都是搞副业,像木匠啊、泥瓦匠啊、铁匠啊,有手艺又勤快的几家,买的自行车都是飞鸽啊、永久啊,那时候没有杂牌子,就是那么几个牌子,都晓得上海货好,流行上海货,沙道沟供销社有卖的。缝纫机有个五六架,有几家是做裁缝的,还有两家是陪嫁的东西。"

——ZGY,72岁,老村支书

客观上看,至少在20世纪90年代中期以前,购买和使用如自行车、手表、缝纫机一类的消费物,并非普通农民家庭所能承受,那是财富和社会地位的象征,绝对是令人羡慕的。

---

① 宣恩县地方志编纂委员会编《宣恩县志(1979~2000)》,方志出版社,2011,第65页。

"那个年代有个自行车比现在买个豪华小汽车还难。有自行车的人，平时从大路上过，故意把铃铛按得叮当叮当响，炫耀自己有辆自行车，只怕别人听不到。当时要是哪个屋里娶媳妇用自行车，新姑娘坐在后头，新郎官骑着带起，那就是家庭条件好不过的，好多人眼红。"

——GY，55岁，个体户

在上坪村，这两类精英及其家庭成为当时为数不多的现代品牌乡村消费者。通过乡村精英们的消费，"三大件"及其品牌在乡村出现并流行，促使乡村个体和社会一步步走向现代的物质文明。德国学者埃利亚斯在关于文明进程的论述中，认为不同阶级之间的相互参照、较低阶级向较高阶级的模仿，是推动礼仪和生活方式进化的重要因素。[①] 凡勃伦在解释炫耀性消费时，也认为人们通过与参照群体的竞争性优势维持自尊，各个社会阶级模仿更高社会阶级的生活方式，努力实现"得体的生活样式的理想"。[②] 康尼夫和拉茨勒则认为，奢侈品的下放和普及是文明进步的轨迹。[③]

从20世纪六七十年代开始，"三大件"一类耐用消费品首先进入和改变了城市居民的日常生活，而后流动到乡村，通过乡村精英们的购买和使用，与他们的日常生活勾连在一起。在乡村精英们购买和使用五金、家电一类耐用消费品时，永久、飞鸽、凤凰、上海等品牌商品也随之进入乡村，普通农民虽然消费不起，但也开始慢慢了解，这些品牌已成为他们熟悉的符号。乡村精英和普通农民通过阶层间的相互参照和影响，将现代物质文明逐渐引入乡村，并开启了品牌消费物大众化的进程。

（二）改革开放深化期：新"三大件"与乡村大众品牌消费

从世界范围看，大众消费革命的浪潮始于20世纪初叶。福特式的资本主

[①] 诺贝特·埃利亚斯：《文明的进程：文明的社会起源和心理起源的研究》，王佩莉译，生活·读书·新知三联书店，1998，第49页。
[②] 凡勃伦：《有闲阶级论》，蔡受百译，商务印书馆，1964，第35页。
[③] 理查德·康尼夫：《大狗：富人的物种起源》，王小飞、李娜译，新世界出版社，2004，第74页；沃夫冈·拉茨勒：《奢侈带来富足》，刘风译，中信出版社，2003，第98页。

义生产方式大大提高了生产效率,商品数量和种类的大幅度增加、收入的工薪化让普通工人有了购买价格昂贵的耐用消费品的能力。20世纪50年代后,欧洲、日本等也开始了以家用电器等耐用消费品普及为标志的大众消费革命。

在我国,自1978年改革开放后,大众消费的浪潮开始出现。阎云翔概括了出现在我国改革开放后20年的三次大众消费浪潮,并认为出现在20世纪90年代初的第三次浪潮具有了消费主义的基本特征,如买方市场出现,消费支出重点从食物转向对个人权利的认识等。这次浪潮在性质上不同于出现在20世纪80年代的前两次浪潮,其标志着中国城市消费革命的爆发。[1]

如果将耐用消费品及其品牌的普及看作大众品牌消费时期开启的标志,那么上坪村的这一时期,大致始于20世纪90年代末到21世纪初期。1992年,邓小平南方谈话带来了我国新一轮的经济快速增长,改革开放逐渐深化。中国出现了前所未有的打工潮,当年就有4000多万农民工流入沿海一带城市打工。上坪村村民也开始有人加入赴广州打工的热潮中,并带来了收入的快速提升,普通农民家庭也从仅仅解决温饱问题发展到有钱购买耐用消费品,购买力有所增强。2000年,宣恩县农村居民人均纯收入达到1548元,比1978年增长约20倍;农村居民人均生活消费支出1106元,比1985年增长2.8倍;全县社会消费品零售总额为3.37亿元,比1978年增长18.1倍。[2] 到2007年,宣恩县农村居民人均纯收入达到2190元,全县社会消费品零售总额达到5.77亿元,沙道沟镇的农村居民人均纯收入也达到1730元。[3]

> "我92(1992)年出门到广州打工,05(2005)年才回来。我去之后,我们一个小队50多户,去广州打工的陆陆续续有60多人。每年一过完,就有卧铺客车一个个村跑,装打工的人下广州。一个40座的车,有时候要装百号人,没得法,卧铺车便宜,那时候也没得火车。一开始去,300~400元一个月工资,后来涨到600(元)、800(元)、

---

[1] 阎云翔:《中国社会的个体化》,陆洋等译,上海译文出版社,2012,第261~270页。
[2] 宣恩县地方志编纂委员会编《宣恩县志(1979~2000)》,方志出版社,2011,第17页。
[3] 宣恩县年鉴编辑委员会:《宣恩年鉴(2008)》,2008,第306~374页。

1000（元）。去了厂里包吃住，一个人打工一年能有两三千（元）的纯收入，那比在屋里搞农业不晓得强好多倍。大概94（1994）年，我就买了一台黑白电视机，熊猫的，17寸，520块钱。出门打工以后几年，村里大概有30%的人开始买黑白电视机，北京、熊猫、长虹这些牌子比较多见。2001年，我买了第一台彩电，创维的，21寸，去来凤（距离村里不远的县城，乘车大概40分钟）买的，一直用了十六七年，去年坏了才换。"

——ZGM，67岁，务农

"我95（1995）年初中毕业的时候，村里的自行车就很多了。那时候买自行车就是为了到沙道沟（镇）赶场方便，还有就是家里有娃儿在沙道沟（镇）上学的，也买得有。再过几年，有些在外面打工赚了钱的人开始买了摩托车，重庆、嘉陵牌的比较多见。过年的时候赶场、走人家，骑个摩托车一哈就到了，不像从前，走个人家要走到天黑。"

——ZB，42岁，公务员

可见，从20世纪90年代中后期开始，耐用消费品不再是乡村精英们的专属物品，普通农民有了外出务工的固定工薪收入，消费水平普遍提高，也能买得起自行车、黑白电视机甚至摩托车一类的耐用消费品。

2000年以后，耐用消费品开始普及，品牌家电在上坪村也逐渐进入其大众化消费阶段。以电视机为例，2000年以后，彩色电视机作为耐用消费品的代表，开始大量出现在上坪村村民的家中，长虹、康佳、创维、TCL、海信等知名的彩电品牌渐渐进入村民的视野，它们率先进入普通农民的家庭，并与上坪村村民的日常生活融为一体。看电视成为村民们闲暇时间最主要的休闲方式之一，村民们不用再如20世纪90年代，全村人围着几台黑白电视机集体收看，而是可以各自在家中看彩色电视。这时，傍着名牌而生的山寨品牌也开始在乡村泛滥起来，在部分村民家中，能看到他们保留着一些已经用坏的旧彩电，其中不乏山寨品牌的身影，如"海信王子""TGL王牌""KONKAZ" "changhongjp""pasnlionc"等。山寨品牌、杂牌（不知名的小品牌）、名牌泥沙俱下，是当时上坪村基层市场彩电品牌消费的真实写照。

> "那几年，假货太多了，还有些杂牌子，在沙道沟街上买的好多都上当哒！去买的时候不晓得，还以为是名牌，买回来用不到好久就坏了，又要修。在来凤、龙山、宣恩这些县城买回来的好一点，有些人从广州打工带回来，不过假货、杂牌子价格要便宜得多，好多人买的时候也是图便宜。"
>
> ——GY，55岁，个体户

当外出务工成为上坪村青壮年村民的劳动常态，随之而来的是消费能力和消费水平的稳步提升。从1992年第一代打工者走出上坪村，到如今"80后""90后"村民继续外出务工，20多年时间，村民们有了一定的财富累积，也形成了比较稳定的务工渠道，广州、浙江、福建是上坪村村民们比较集中的务工地。在村里，一个家庭中只要有2个以上的人外出务工，就有比较稳定的收入来源。

> "我给你算笔账，如果夫妻两个都在广州、浙江打工，一个人一个月工资5000（元）左右，两个人就有1万（元），一年就是12万（元），老年人在屋里可以把自己的开支搞走，年轻人不要负担得好多，除去开支，一年再怎么也有个四五万（元）结余。"
>
> ——ZGM，67岁，务农

因此，近五年来，品牌家电几乎走进每个上坪村家庭中，村民们都能买得到也买得起。不仅中低档耐用消费品基本在上坪村普及，高档耐用消费品也开始出现。在上坪村第3组65户的入户调查中发现，电视、冰箱、洗衣机成为新的"三大件"，几乎在大部分家庭都能看见。热水器、汽车、饮水机、空调等耐用品也开始出现，给村庄带来了浓厚的现代生活气息（见表3-1）。

表 3-1　上坪村第 3 组村民家庭耐用品拥有情况 ($N=65$)

单位：户，%

耐用消费品	拥有户数	比例
电　视	65	100
冰　箱	58	89
洗衣机	59	91
空　调	6	9
液化气灶	25	38
饮水机	36	55
净水器	1	2
热水器	24	37
汽　车	22	34
电饭煲	39	60
摩托车	10	15

在品牌的选择上，以新"三大件"（电视、冰箱、洗衣机）为例，所有村民家庭几乎无一例外选择了国产品牌。其中，电视以长虹、康佳、海尔、创维居多，冰箱、洗衣机以海尔、美的居多。二三线品牌如美菱、星星等也有少部分家庭购买，一些不知名的小品牌和山寨品牌也比较常见（见表 3-2）。

20 世纪 90 年代以来，由城市开始的消费革命将耐用消费品普及至乡村。在上坪村，家庭耐用消费品普及的过程，亦是品牌消费物从精英到大众的流动过程，品牌消费物在上坪村从老"三大件"变为新"三大件"，从精英家庭普及到大众家庭，由奢侈商品变为大众商品。不论是乡村精英还是普通农民，都渐渐被卷入大众消费的浪潮中，成为乡村品牌消费文化变迁过程中的积极参与者。于上坪村村民而言，品牌消费物在不同的历史语境中，呈现两种截然不同的意义：在改革开放初期，以老"三大件"为代表的品牌消费物，是乡村精英阶层的标志，是财富和身份的象征；在务工热潮中，以新"三大件"为代表的品牌消费物，则是品牌消费大众化的标志，是村民融入现代工业文明的象征。

表3-2　上坪村第3组村民家庭新"三大件"品牌消费情况

名称	品牌	比例(%)	款式	比例(%)	购买人	比例(%)	使用年限	比例	价格(元)	比例(%)	数量(台)	比例(%)
电视 N=65	海尔	15	平板	61	父母	52	5年以内	49	500以下	9	1	87
	海信	6							500~1000	26		
	TCL	7							1000~2000	41		
	创维	12	台式	39	儿女	48	5~10年	25	2000~3000	15	2	13
	康佳	15							3000及以上	9		
	长虹	15					10年及以上	26				
	杂牌	30										
冰箱 N=58	海尔	33	两门	49	父母	63	5年以内	55	1000以下	4	1	95
	美的	15							1000~2000	68		
	容声	10	三门	32	儿女	37	5~10年	40	2000~3000	28		
	美菱	6										
	星星	5	冰柜				10年及以上	5			2	5
	杂牌	31										
洗衣机 N=59	海尔	21	半自动	70	父母	55	5年以内	67	1000以下	48	1	100
	美的	14							1000~2000	40		
	TCL	9										
	松下	2	全自动	30	儿女	45	5~10年	29	2000~3000	12		
	三洋	5										
	小天鹅	5					10年及以上	4				
	荣事达	7										
	杂牌	37										

二 日常消费品：从自给之物到市场之物

（一）从本乡食物供给到市场配置品牌

施坚雅认为，农民的实际社会区域的边界不是由他所住村庄的范围决定的，而是由他的基层市场区域的边界决定的。① 早期乡村地区的基层市场本身规模有限，市场的作用主要在于交易剩余农副产品，互通有无。波兰尼认为，在市场社会到来之前，市场只不过是经济生活中的附属品。② 因此，传统乡村社区是基于基层市场共同体的自给自足的自然经济，几乎没有或者少有商品的流动。

对于上坪村的传统基层市场而言，由于地理位置的特殊性，地广人稀，物品的生产、消费、交换都在这个相对封闭的社区内进行，市场内部只有简单的以生存为目的的商品交换，自给自足是乡村社区内物品消费的主要特征。

传统乡村社区自给性物品的消费，遵循着一定的习俗和规范。社区内部的习俗、规范，是传统乡村共同体维系的依据。对乡村社会来说，这些习俗与规范往往产生于村民们长期日常的生产、生活与交往，是约定俗成的。

新中国成立后，随着工业品下乡，外来商品开始进入上坪村，但正如前文所述，由于物资短缺和农民收入较低，农民只是购买非常少量的煤油、白糖、肥皂、布匹等现代商品，大部分的日常生活用品还是自给自足，满足基本的日常需求。从宣恩县供销系统的商品销售记录来看，至少在1985年以前，全县百货、文化商品的销售不论是从品种还是从数量上看，都是极其有限的（见表3-3）。

直到1992年，我国大力推进市场经济体制改革，从城市到乡村逐渐放开市场，建立了现代市场体系，村民自给自足的物品消费的传统才有了较

---

① 施坚雅:《中国农村的市场和社会结构》，史建云、徐秀丽译，中国社会科学出版社，1998，第40页。
② 卡尔·波兰尼:《大转型：我们时代的政治与经济起源》，冯钢、刘阳译，浙江人民出版社，2007，第35页。

大的变化，外来品牌商品便随着市场的开放开始大量进入村民的日常生活。

表 3-3 宣恩县供销系统商品销售统计

品　种	1954 年	1957 年	1962 年	1965 年	1975 年	1980 年	1985 年
购进及调入额（千元）			795	885	1650	3243	4752
纯销额（千元）			754	823	1840	3046	4888
缝纫机（架）		25	42	37	131	772	829
搪瓷面盆（百个）	8	15	51	27	109	177	347
暖水瓶（百个）	3	13	29	32	49	171	217
手表（只）				74	380	1501	15661
手电池（百对）	246	1308	782	765	1759	2622	3676
火柴（件）	300	678	1263	1344	2425	3325	4474
肥皂（标箱）	300	775	1587	2347	5974	9003	15044
洗衣粉（吨）					14	57	133
胶鞋（百双）	79	221	154	514	1121	1783	2253
全塑凉鞋（百双）					177	556	628
圆钉（吨）	4	8	13	17	23	48	65
圆丝（吨）	0.4	1.8	12	14	33	63	52
铁锅（百口）	28	28	39	216	159	229	176
瓷碗（百个）		464	1982	2591	2243	3565	6068
絮棉（百个）					154	236	105
钢笔（百支）	36	80	64	181	274	304	451
铅笔（百支）	25	28	341	705	1465	2152	3547
皮鞋（百双）				25	32	58	254	1021

资料来源：宣恩县志编纂委员会：《宣恩县志》，武汉工业大学出版社，1995，第 215 页。

20 世纪 90 年代中期，随着务工潮的到来，大量劳动力外流，传统的农业开始衰落，村里农田荒芜的现象较为普遍。留守家里的老人、孩子和部分女性，只种植小面积的菜田供自家食用。大米、食用油、猪肉等以前完全由家庭生产的自给性食物，在部分家庭中开始从市场购买，变为商品性食物。

笔者对上坪村村民的大米和食用油的品牌消费情况进行了调查。在第 3 组 65 户家庭中，有 45 户的大米是自家种植的、20 户的大米是购买的，有

46 户的食用油是自家加工的、19 户的食用油是购买的。在购买大米和食用油的村民中，仅有 2 户购买了如金龙鱼一类的品牌食用油，大部分村民在乐坪集市的米厂和油坊购买。可以看出，社区的自给性食物还占据着留守村民的粮油食品的大部分比例。但是，在外出务工的村民群体中，这两类食物的消费情况则有所不同。在对上坪村 253 名村民的问卷调查中发现，有 173 名流动的村民，其中 41.9% 的流动村民在购买大米、食用油这类商品时会在意其品牌。笔者在与一些外出务工村民交谈时发现，金龙鱼、福临门、稻花香是他们十分熟悉的品牌。可以看出，务工村民的粮油食用习惯存在场域的差异：在外打工时，主食消费会看品牌，回到家中，则遵循着乡村消费的惯习，消费社区自给的主食。

相较于粮油食品的消费，副食消费的变化则更加明显。乡村传统的副食有白酒、糍粑、米豆腐、油炸粑粑、醪糟、香烟等。副食消费并不是经常性的，村民通常是在节日或者赶集的时候才购买副食。这些副食小吃要么是自家制作，要么是集市小贩售卖，都是乡村社区自给的。在 20 世纪 80 年代，村里的孩子想吃工业化生产的零食，还是一种奢望。赶场时家长买一个油炸粑粑、几个泡粑粑、几颗糖果，那是村里孩子们最渴望的事情。

> "我小时候跟到大人去赶场，我妈有时去卖米、大蒜、苞谷、小麦，卖了的钱就去供销社买煤油，那时乐坪街上有家卖泡粑粑的，每次过路，闻到香味，口水都要掉出来哒。我妈卖了菜就给我买几个，那都是当零食吃。那时候家家户户吃饱饭就不错了，根本没得现在小娃儿这么多零食。"
>
> ——ZHO，47 岁，医生

现在，村民零食消费的种类大幅增多，自给性零食变为工业流水线生产的商品性零食，也带来了零食消费的品牌化。上坪村共有三家小卖店，在店里，售卖的零食主要有方便面、饼干、薯片、小袋零食、碳酸饮料、乳品饮料等，每一种零食可供选择的品牌和品类并不多。在货架上摆放的零食饮料有旺仔、QQ星、达利园、农夫山泉、可口可乐、娃哈哈、银鹭等大众非常熟悉的品牌食品，也有一些杂牌食品，如一元一袋的小袋零食。据其中生意较好的一家店主介绍，方便面是店里卖得最好的零食，袋装的比盒装的好卖，2元一袋的比1元一袋的好卖。笔者看到，放在货架上的方便面分袋装和盒装两种，袋装方便面有统一、康师傅这两个众人皆知的品牌，但价格相对较贵的盒装方便面则是白象等知名度稍低的品牌。

每天在小卖店店内进行零食消费的以小孩居多，由于大部分孩子的父母均外出务工，所以零食多由祖辈购买。以村民ZGH家为例，儿子和儿媳均在城里务工，他和老伴带着上幼儿园的孙女在家。每天，孙女从幼儿园回家，都会找爷爷要几块钱，去小卖店买五毛或一元一袋的零食。孙女特别爱喝"哈哈"，这个3岁的小女孩，会不时拉着奶奶的手指向小卖店，嘴里喊着要"哈哈"。ZGH告诉笔者，"哈哈"就是娃哈哈品牌的小白瓶乳酸饮料，小孩都知道，孙女喜欢就买给她喝，她现在天天都要。

乐坪集镇小学门口的小卖店，零食货品的种类较丰富。在小卖店的门口，摆放着成堆的各类五毛到一元的小食品，如辣条、豆干、薯片、鸡爪等，这类零食通常被称为"五毛食品"。在课间和放学后，笔者看到购买这类食品的小学生非常多，放学后的半小时，几乎络绎不绝。

零食消费也是在外务工的村民日常生活消费中必不可少的一部分。在春节前后，务工村民返乡，集镇超市和村里小卖店的生意明显红火很多。小卖店店主也表示，每年春节是店里生意最好的时候，外面回来的人买东西都喜欢看牌子，好东西卖得比平时好。

可见，不管是主食还是副食，外来的商品性食物丰富了上坪村村民的食物种类，也使得村民的饮食内容和方式开始有所变化。在这种变化中，不论是知名品牌，还是不知名品牌，抑或是山寨品牌，都与外来的食物一起，混杂着进入乡村社区，改变着乡村的饮食消费习惯。

（二）裁缝加工服装到时尚品牌服装

改革开放前，上坪村村民的服饰还保留着比较明显的土家族特色。服装以自制或扯布请裁缝做为主，土布衣服占一定的比例，传统男装以布扣对襟衣为主，传统女装以右开襟中长布扣衣为主，男女缠青丝头帕，女性喜戴耳环和手镯。一般女性会做布鞋、棉鞋，扎袜垫，大部分的男性会打草鞋。直到改革开放初期，上坪村村民因为贫困，在服装消费上还留存着手工制作的传统。富裕一点的家庭一年会做一套新衣，困难的几年才置一件衣服，平时穿旧的补丁衣服，逢年过节走人家才穿得像样一点。直到现在，已经成为公务员的 ZB 仍然能回忆起他第一次穿土布衣服到镇上上学的情景。

"我记得大约八几年的时候，我正在上小学，那时候由于父亲去了镇上工作，把我也转到沙道沟镇的小学去上学。我一进教室，同学们哄堂大笑，笑我穿得太老土哒。我穿的是我妈给我做的棉衣、棉裤、棉鞋、棉帽，都是自己家里手工做的，而当时镇上的同学已经开始买衣服穿了，穿的都是商品。"

——ZB，42 岁，公务员

可见，在改革开放初期，很多村民还是自给自足。1992 年以后，随着社会流动的增加，上坪村村民的服装款式开始随潮流变化。现在，只能偶尔碰到一两位穿着传统款式服装、包头帕的老人，其余村民服装全在市场上购买，裁缝等曾经红火的手工职业基本消失。自织的土布和手打的草鞋已经看不到，但做布鞋、棉鞋的手艺还比较常见。一些老年女性村民将做鞋手艺用于生产，从专门生产棉鞋、布鞋的当地工厂接活，上一双棉鞋 2.9 元，一天能上十三四双，一个月能有几百元的收入。

村里的老人买衣服一般就在集市或者服装超市购买，没有品牌可言。购买频率非常低，用他们的话说，"一年到头也买不到一套衣服"。外出打工的年轻人在穿着上讲究一些，穿着打扮与城里人没有差别，会购买一些品牌服装、饰品、皮鞋、皮包等。笔者与一些村民就服装品牌进行交流时发现，大部分村民都知道几个大众服装品牌，但大部分人没有固定的品牌购买偏好。在外务工的年轻村民可以明确说出几个服装品牌，如阿迪达斯、耐克、李宁、安踏等运动品牌，稍时尚一些的则关注卡宾、欧时力、太平鸟、GXG

等品牌，但并不一定会购买，价格是影响村民购买服装的重要因素。年长一些的村民则知道红蜻蜓、奥康等鞋类品牌，但购买频率并不高，在家的村民很少穿皮鞋，只有外出时才会穿得讲究一些。

由上可见，外来商品大量涌入乡村，打破了乡村封闭的社区和市场，传统社区消费物商品化程度越来越高。在这种变化中，品牌消费物随着外来商品的增多，大量出现在上坪村村民的日常生活中，带来了乡村消费物的品牌革命。

三 个性化商品：从家庭之物到个人之物

阎云翔在《私人生活的变革：一个中国村庄里的爱情、家庭与亲密关系：1949~1999》一书中，向我们展示了我国农村私人生活的转型，即家庭的私人化和家庭中个体成员重要性的增长。[①] 他认为，个体在私人生活领域的崛起，在社会层面意味着中国社会的个体化。[②]

西方对个体化趋势的讨论以吉登斯、鲍曼及贝克等学者为代表。贝克明确提出个体化理论，"解放"、"去魅"及"重新整合"的三重维度为理解中国社会转型，考察人们的生活处境、人生轨迹以及认同的变化提供了有力的分析工具。[③] 个体化既不是表达一种现代社会盛行的个体主义或自我主义，也不代表个体可以自己随意决定一种生活，其是一种彻底的一致性，即"为自己而活"。[④] 在中国社会的语境下，个体化是指"绝大多数个体在私人生活领域都从家庭、亲属、社区、工作单位以及传统的社会关系网络的束缚中获得了更多的权利、选择与自由"。[⑤]

随着我国农村社会从集体向市场转型，个人和家庭完全暴露在市场之

[①] 阎云翔：《私人生活的变革：一个中国村庄里的爱情、家庭与亲密关系：1949~1999》，龚小夏译，上海书店出版社，2009，第239~242页。

[②] 阎云翔：《中国社会的个体化》，陆洋等译，上海译文出版社，2012，第4页。

[③] 乌尔里希·贝克：《风险社会》，何博闻译，译林出版社，2004，第156~159页。

[④] 乌尔里希·贝克、伊丽莎白·贝克-格恩斯海姆：《个体化》，李荣山等译，北京大学出版社，2011，第174页。

[⑤] 阎云翔：《私人生活的变革：一个中国村庄里的爱情、家庭与亲密关系：1949~1999》，龚小夏译，上海书店出版社，2009，第151~157+61页。

下。个人必须从家庭生产共同体中走出来，在市场竞争中获取生存资料，个体被迫陷入了一种贝克所说的"为自己而活"的自由状态。家庭的共同生产功能极大弱化，功能从经济共同体向精神共同体过渡。①

当个体从家庭束缚中解放出来逐步走向市场时，以往以家庭为单位的单一消费方式开始发生变化，个体消费者作为新的消费主体，成为市场化社会的宠儿。从家庭束缚中走向市场的村民个体，以个体化的物品消费方式，满足着愈加强烈的个体欲望，实践自己的个体权利，并嵌入新的生活场域中。问卷调查显示，很多村民在购买个人耐用消费品及洗护、化妆品时会关注品牌（见表3-4）。

表3-4　上坪村村民对不同类型商品品牌的关注情况（$N=253$）

单位：人，%

商品类型	关注品牌人数	比例
家用电器	178	70.36
摩托车、汽车等交通工具	116	45.85
大米、食用油、盐	106	41.90
洗衣粉、洗发水等家庭清洁洗护用品	117	46.25
手机等个人电子产品	151	59.68
零食饮料	83	32.81
个人的护肤美妆品	104	41.11
个人卫生用品（卫生巾等）	95	37.55
服装鞋包等	106	41.90
通信服务类产品（移动、联通、电信）	92	36.36
儿童用品	69	27.27
农药、种子、农机等生产用品	33	13.04
不在意品牌	21	8.30

（一）从座机到手机：个人耐用品的品牌消费

座机也被称为固定电话。从宣恩县固定电话整体的发展过程来看，固定

---

① 张广利、马子琪、赵云亭：《个体化视域下的家庭结构与家庭关系演化研究》，《湖北社会学》2018年第4期，第58~63页。

电话在农村家庭的安装一直处于较低的水平。从1999年到2015年宣恩县农村固定电话用户的统计数据来看,16年中2006~2009年是发展较为迅速的4年。2009年农村固定电话的用户量达到了顶峰,为2.84万户,随后用户数量开始大幅度下滑,到2015年仅为9800户。即便是在全县固定电话用户数量达到顶峰的2009年,宣恩县农村固定电话的用户量也仅占农村总户数的33.8%。可见,从整体来看,固定电话作为家庭耐用消费品,在宣恩县的乡村家庭并没有大范围的普及(见表3-5)。

表3-5 1999~2015年宣恩县农村固定电话与全县移动电话用户量

年份	总人口（万人）	农村人口（万人）	乡村户数（万户）	全县农村固话（户）	全县移动电话用户量(人)
1999	33.66	30.76	8.58	2782	1281
2000	33.76	30.81		3511	
2001	33.95				
2002	34.06				18000
2003	34.1	30.91		7518	20541
2004	34.24	29.94		7262	32155
2005	34.45	29.75	8.39	7574	59500
2006	34.58	29.21		21029	86400
2007	34.86	29.07	8.42	23582	89500
2008	35.33	28.76	8.44	23590	103070
2009	35.33	24.88	8.40	28400	189000
2010	35.56	27.88	8.53	18900	190800
2011	35.85		8.58	14000	207300
2012	36.07		8.60	10800	208000
2013	30.14	21.37			
2014	36.37	20.79	12.33	8800	236000
2015	36.04	20.27		9800	224500

资料来源:1999~2015年《宣恩年鉴》《宣恩县国民经济与社会发展统计公报》。

上坪村固定电话的使用情况,基本和整个县的发展是一致的。1998年,上坪村开始有村民安装电话。第一家安装电话的是村里开小卖店的店主ZAM家,他家的电话除家庭使用外,主要的功能是作为公共电话收取费用,打电话每分钟收费1元，接电话每次收费2元。到2004年左右，电话才作为家庭耐用消费品，进入一小部分村民的家中。在第3组的65户村民中，有25户家庭安装过固定电话，安装时间集中在2010年前后，到2018年底，仅5家还在使用固定电话。

在固定电话在宣恩县农村发展最迅速的2009年，移动电话也有了大幅度的增长。这一年，宣恩县移动电话的用户从10.3万人增长到了18.9万人，增长率达到了83.5%，占到了宣恩县总人口的一半以上。到2015年底，宣恩县移动电话的用户达到了22.5万人，基本实现了移动电话的广泛普及。据村民们回忆，上坪村移动电话大约也是在2009年以后开始逐渐普及。目前，智能手机的使用已经非常普遍，在参与问卷调查的253名村民中，智能手机拥有率是97.6%，只有极少数人还在使用非智能机。

上坪村村民使用的手机以国产品牌为主，大约80%的村民选择使用国产手机。OPPO、vivo、华为三大国产品牌占据了绝大部分市场，使用率占到了近70%，小米手机的使用率不高，仅占约4%。国外品牌的手机除苹果外，其他品牌基本无人使用（见表3-6）。

表3-6　上坪村村民手机品牌使用情况（$N=253$）

单位：人，%

品牌名称	选择人数	比例
OPPO	62	24.51
vivo	54	21.34
华为	55	21.74
荣耀	8	3.16
小米	10	3.95
联想	1	0.40
锤子	2	0.79
魅族	3	1.19
小辣椒	1	0.40
苹果	49	19.37
其他品牌	8	3.16
没手机	0	0.00

相对城市而言，固定电话在农村的发展是滞后的，在上坪村亦是如此。在固定电话逐渐在农村家庭开始出现的时候，移动电话已经迅速发展起来，并在农村快速普及，农村的固定电话市场很快被移动电话占领，以手机为代表的个人耐用消费品也登上了乡村的消费舞台。

阎云翔在描述下岬村家庭内的个体化消费行为时提到，个体消费欲望的合理化以及家庭成员间消费权利的争夺是个体化消费的主要表现。[1]

对于个体消费欲望的合理化问题，许多村里的年轻人认为，满足个体消费欲望是顺理成章的事。以手机品牌消费为例，在外务工的年轻人大部分月收入在4000~5000元，购买2000~3000元一部的品牌手机，对于他们来说并非难事，也无须父母帮助。他们对手机的品牌、外观、功能等均有一定的要求，更换手机的频率也更高。下面两位年轻人对于自己手机消费的描述，清晰地表达了年轻村民对于手机的消费欲望和"为自己而活"的消费态度。

"我现在在城里开挖土机，一个月收入5000（元）左右，买个手机并不是什么难事，不需要父母买。父母在屋里，自己管自己的生活。手机嘛，肯定要选大牌子，像华为、OPPO这些，信得过的。我这个手机还没买好久，OPPO R17，将近3000块，原来用的手机也还没坏，但是速度太慢了，就换了一个。我在宣恩县城买的，买的时候主要看样子啊，功能也看，我喜欢玩游戏、看视频，要买运行速度快、屏幕大点的。"

——ZH，24岁，挖掘机司机

"我们年轻人现在买手机，不像老年人，能打个电话就行了。现在关键是要自己喜欢，颜色、外观、功能啊，都要自己喜欢。现在手机功能太多了，又要上网，又要转账，又要玩游戏，又要拍照，买哪种的，就看你自己喜欢哪种。品牌的话，我买的华为nova 3的，2000多块，我觉

---

[1] 阎云翔：《私人生活的变革：一个中国村庄里的爱情、家庭与亲密关系：1949~1999》，龚小夏译，上海书店出版社，2009，第252页。

得玩游戏、照相都还可以，现在国产几个牌子不得比苹果、三星差，两三千一个的手机都好得很，没必要买苹果的，苹果现在不流行哒。"

——ZQ，22 岁，汽修厂工人

对于家庭成员间消费权的争夺问题，笔者在上坪村并没有发现有明显的表现。在手机消费问题上，上坪村村民的家庭成员间并不会因为给谁买手机产生争执。不论是子女还是父母，除未成年人外，基本都是自己购买手机，家庭内部在手机消费上的利他主义并不多见。年轻务工村民在外收入较高，手机品牌和机型的选择与父母比较起来，普遍倾向高档一些的手机。问卷调查结果显示，20 世纪 70 年代以前出生的村民基本上以使用国产品牌手机为主，手机价格多在 2000 元以下，没有人使用苹果手机，20 世纪 70 年代以后出生的村民虽然大部分也使用国产品牌手机，但手机价格相对高一些，有约 20% 的村民使用苹果手机。

替父母购买手机的儿女，大部分不是普通的务工村民，有的在城里当公务员、医生、教师，有的自己创业做生意，在城里站稳了脚跟。村民 ZGY 的儿子 ZHO 是一名医生，过年前回家吃"刨汤"，顺便带着父亲去来凤县城买了一部华为手机，2000 多元。ZHO 表示，父亲曾多次向他提及手机屏幕看不到了，这次好不容易回来，就带他去街上买了。村民 ZGA 用的是儿子淘汰的苹果 5c 手机，他说："我的手机是儿子不要哒的，他买个新的，这个还没用坏，就给我用。我们老哒，只要有用的就行哒，这个手机上好八好（方言，非常好的意思），还是苹果的，美国货，有么子用不得嘛。"当然，少数父母收入相对较高的家庭中，即使子女已经成年，父母也仍然会为子女购买手机、汽车一类消费品。

哈布瓦赫曾提出，随着家庭的阶层地位和家庭成员社会整合度的提升，家庭中的利他主义会有所提升，家庭中的集体主义会随之强化，而在低收入的家庭里，"利他主义表现尚肤浅"。[①] 从上坪村村民的手机品牌消费来看，

---

① 尼古拉·埃尔潘：《消费社会学》，孙沛东译，社会科学文献出版社，2005，第 9 页。

在大部分家庭，不论是子女还是父母，利他主义的表现都不明显。利己主义为主、利他主义为辅，是上坪村村民手机品牌消费的主要方式。

（二）从"家庭装"到"个人装"：个人快消品的品牌消费

在品牌消费物从家庭共用向个人使用的转变中，个人快消品的消费是具有代表性的。快消品，即快速消费品的简称，是指那些使用寿命较短、消费速度较快的消费品。日化用品是快消品的一个主要种类，包含洗发水、沐浴露、护肤霜、护发素、化妆品、洗衣粉等。

在上坪村，个人洗护用品和化妆品的消费正在快速发展。

1. 洗发水、沐浴露、牙膏等品牌洗护用品消费的个体化趋势

对于基础清洁型的日化用品，例如牙膏、牙刷、洗衣粉、香皂、洗发水、洗洁精等，传统上都属于家庭型洗护用品，家人共同使用是比较常见的。这类用品在上坪村的普及率很高，品牌渗透也比较深入。例如，即使村里不识字的老年人也能说出汰渍、立白、雕牌等一两个洗衣粉的品牌。老年人洗脸、洗澡基本上都使用香皂，以"六神"和"舒肤佳"两个品牌的香皂为主，价格适中而且有消炎杀菌的作用。但是，在这类基础清洁型日化用品中，与个人护理有关的如洗发水、沐浴露、牙膏等产品，又呈现品牌消费个体化的趋势。在针对253名村民的问卷调查中，就洗发水、沐浴露、牙膏等品牌洗护用品的使用方式问题，有很多村民选择"根据个人需求，选择不同的品牌"，而非"选择一个品牌，一家人一起用"，比较明显地体现了品牌消费个人化趋势（见表3-7）。

表3-7　上坪村村民洗护用品（牙膏、洗发水）的消费方式统计（$N=253$）

单位：人，%

消费方式	选择人数	比例
选择一个品牌，一家人一起用	138	54.55
根据个人需求，选择不同的品牌	115	45.45

在上坪村，务工村民外出后，留守老人和妇女是家庭洗护用品的主要购买者，对于这部分使用者而言，洗护用品主要的使用方式是家人共用。在村

民家中,家庭装的大瓶洗发水和沐浴露十分常见。留守村民在洗发水的品牌消费上,以海飞丝、清扬、飘柔、潘婷等外资品牌为主,国产品牌中,拉芳"一枝独秀",占比较大。牙膏消费则以国产品牌为主,云南白药、黑人、冷酸灵、纳爱斯等国产品牌的使用率较高,外资品牌以高露洁和佳洁士为主(见图3-1、图3-2)。

总体而言,留守村民在洗护用品品牌的选择上较为大众化、集中化,但消费个体化的趋势也有所体现。例如,霸王洗发水有防脱发的功能,有老年村民专门为自己购买。以去屑功能著称的海飞丝和清扬是大部分男士的选择。稍年轻一点的中青年女性,也会根据自己头发的不同状态,有针对性地选择不同品牌的洗发和护发产品。一些幼童的母亲会区分孩子和大人的洗发、洗衣用品的品牌。

流动村民在洗护用品的品牌选择上则更加多元化和个性化,消费个体化的趋势更明显一些。以洗发水品牌为例,除大众化的海飞丝、清扬、飘柔三大品牌外,品牌诉求与专业美发相关的沙宣、欧莱雅、施华蔻亦有不少人选择。除了问卷明确列举出的18个品牌和微商直销品牌,还有近20%的流动村民选择其他品牌。流动村民在品牌选择上更加分散而非高度集中,这与留守村民形成了较大的差异。一些近年来价位相对较高的国产新兴洗发水品牌如阿道夫、滋源等,在流动村民中也有着不小的消费市场。

"90后"流动村民消费的个体化更突出,在洗发水消费上,朝某一个或几个品牌集中的趋势弱化,每个品牌选择的比例较为平均,体现了"90后"村民多元化的品牌消费特征。

2. 个人品牌化妆品、卫生用品消费的快速增长

在上坪村的村民中,个人化妆品的消费以女性为主,与洗护产品一样,国产品牌的渗透率也非常高,使用外资品牌的相对较少。流动村民相对非流动村民而言,选择的护肤品品牌更高档、多元一些。例如,定位较高端一些的自然堂、佰草集、欧莱雅等护肤品牌,在流动村民中购买的人数更多,有极少数流动村民选择外国的奢侈护肤品牌,如兰蔻、雪花秀等,但与城市女性对高端奢侈护肤品的"趋之若鹜"相比,乡村女性在选择上更保守一些。

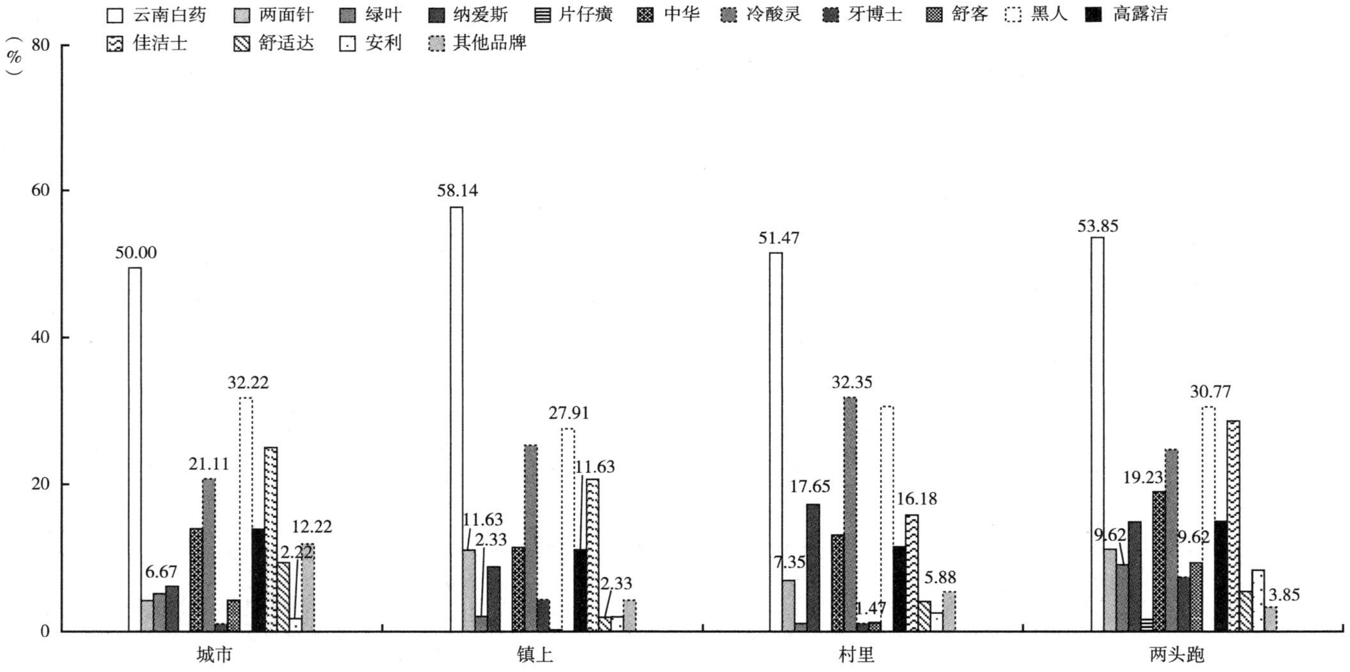

图 3-1 不同流动程度村民牙膏品牌消费情况统计

资料来源：问卷统计结果。

图 3-2 不同流动程度村民洗发水品牌消费情况统计

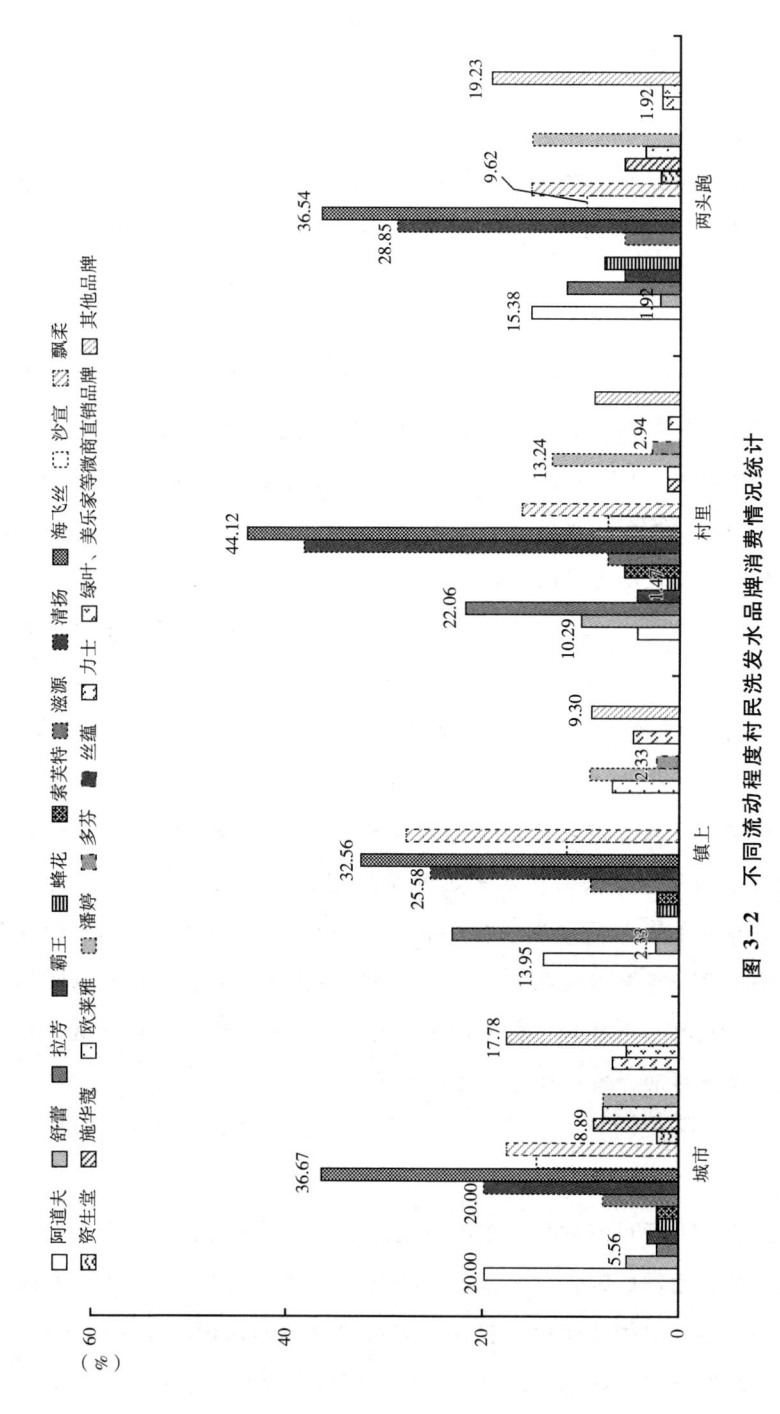

资料来源：问卷统计结果。

从化妆品的种类来看，上坪村非流动女性使用的化妆品以基础护肤品为主，如面霜、洗面奶、爽肤水等。一些年长的女性还保留着用香皂洗脸的习惯，面霜是最常见的基础护肤品，且多为秋冬季使用，以免面部皱裂，功能性的诉求比较强烈，对品牌几乎没有要求。年轻一些的女性则会有一些品牌意识，大部分会用洗面奶和面霜，特别讲究的会使用爽肤水、眼霜、防晒霜、面膜等产品。

"我基本上就是冬天滋点香香（方言，擦面霜的意思），有时候搭到孙娃儿一起用哈，有时候姑娘给的，免得脸上干起壳壳。我们老年人不看么子牌子，一般一二十块的就行哒，买的话主要在沙道沟超市买，摊摊上怕买到假货。我看她们有的就是赶场在摊摊上买摆起卖那个，我还是不敢用，往脸上滋的东西不比别的，还是超市买的放心点。"

——LYY，61岁，务农

"我用的是旁边屋里妹妹卖的那个法兰琳卡，她在镇上开的店子。买这些东西没得么子固定的牌子，有时候碰到超市打折啊，觉得划得来，就买哒，我看前几天沙道沟超市开业，百雀羚的搞促销，一套才80块，我当时准备买的，后头想到屋里还有没用完，就算哒。这些东西一般我一年买一次，用完哒就用小娃儿的，我一般给小娃儿买青蛙王子买得多些，感觉用起也差不多的。我一般只用面霜，这次在妹妹那里买，她要我配了个眼霜，我不用洗面奶，洗脸嘛，洗干净就行哒，搞香皂洗也是一样的，有时候觉得还洗得干净些。"

——ZMZ，43岁，村幼儿园保育员

比较而言，上坪村流动女性使用的化妆品种类更丰富，包括洗面奶、爽肤水、精华液、面霜、眼霜、面膜等各种类型。很多流动村民会购买系列产品而非单一产品，对护肤流程也有着比较清楚具体的认识。在品牌选择上，她们有着比较明确的品牌意识，也会较为固定地选择某几个品牌。除了护肤产品，年轻的流动女性也使用美妆产品，如粉底、口红、BB霜、眼影、眉笔等，在品牌渗透上，与城市女性对欧美、日韩美妆产品的喜爱相比，一些新兴的、不知名的国产美妆品牌如完美日记、滋色等在上坪村流动女性中的渗透率较高。

另外，上坪村女性村民个人卫生用品的品牌化也十分普遍，七度空间、苏菲、ABC等品牌的渗透率较高（见表3-8）。女性村民基本摆脱了使用卫生纸的习惯，改为使用更为方便干净的卫生巾。

表3-8　上坪村女性村民个人卫生用品品牌使用情况（$N=109$）

单位：人，%

品牌名称	选择人数	比例
洁婷	4	3.67
高洁丝	5	4.59
苏菲	31	28.44
护舒宝	12	11.01
ABC	22	20.18
七度空间	64	58.72
安尔乐	3	2.75
洁伶	5	4.59
自由点	16	14.68
绿叶、美乐家等微商直销品牌	10	9.17
其他品牌	11	10.09

凡勃伦曾指出，在手工业时代，妻子是有闲阶级家庭代理消费的主要承担者，是家庭中执行消费的主要人员。[①] 而在社会个体化的进程中，上坪村的女性开始不仅以家庭代理消费者的角色出现，作为独立于家庭而存在的个体，她们也开始通过个体化的品牌消费实践，实现"为自己而活"的个体生存状态。

---

① 凡勃伦：《有闲阶级论》，蔡受百译，商务印书馆，1964，第47页。

第二节 品牌消费观念的多元呈现

在乡村社会从传统向现代转型的过程中,消费需要不断转型升级。基于不同的消费需求,村民的品牌消费观念是多元的,不同层次的品牌消费观在社会转型过程中呈现不同的变迁特征。

一 生存导向消费观的延续——"能用就行"

所谓生存型消费,是指日常生活中用来满足人们生存所必不可少的生存资料的消费。① 生存导向的消费观念,即消费者认为消费的价值在于维持人吃、穿、住、用、行等基本生存的需要。因此,在消费者的认知和行为中,商品只存在使用价值,品牌符号于其而言,不存在任何意义。

在生产力较低、产品结构与品种比较单一的计划经济体制下,消费对生产以及社会的影响很小,消费主要是为了满足自身基本的生存需要。这一时期的消费以纯粹的物质消费为主,基本没有任何品牌附加值,本质是"人满足需要的一项基本的生存方式"。② 在封闭贫困的传统上坪村社会,这种生存导向的消费是长期存在的,而消费的价值在于满足人基本生存需要的观念也随之存在。那么,在物质逐渐丰裕的现代乡村社会,生存导向的消费观念在上坪村是否消失?如果还存在,又是以怎样的方式延续下来的?

通过问卷调查发现,在问及买东西是否会看牌子时,选择"经常会"的村民占 27.27%,大部分村民会依据情境选择看或不看,有 10.28% 的村表示从来不会(见表 3-9)。

---

① 杨魁、董雅丽:《消费文化理论研究——基于全球化的视野和历史的维度》,人民出版社,2013,第 123 页。
② 郭玲玲:《东亚消费社会转型研究》,《辽宁师范大学学报》(社会科学版)2010 年第 4 期,第 13~16 页。

表 3-9 上坪村村民购物时的品牌关注度 ($N=253$)

单位：人，%

品牌关注程度	选择人数	比例
经常会	69	27.27
有时会	85	33.60
一般会	40	15.81
偶尔会	33	13.04
从不会	26	10.28

品牌是表达意义的符号，作为具有使用价值的物，与品牌符号相结合，就带上了符号意义，成了"物-符号"二联体。[①] 买东西不看牌子只看物品，说明这部分村民只关注商品的使用价值，不关注品牌的符号意义，这是生存导向的消费观在上坪村村民日常品牌消费中的体现和延续。由问卷调查结果可见，以生存价值为导向的消费观仍或多或少存在于上坪村村民的消费认知中。其中，老年村民和非流动村民的品牌消费观念，以生存为导向的特征更突出一些，特别是在一些新兴商品的消费上，他们对商品使用价值的关注更明确。

"杂牌"是上坪村村民常常提起的概念。所谓杂牌，就是不知名品牌或者山寨品牌的统称，在村民不知道某种商品是什么品牌时，通常称之为"杂牌"。

笔者在入户调查中发现，新兴的厨卫家电和小家电是"杂牌"最多的消费品。品牌名称纷繁复杂，各种各样。杂牌的品牌名称既有根据一些知名品牌的名称变化而来的，也有完全没听说过的。总的来说，村民们对这类商品，往往不知其品牌，也不关注品牌。在这类商品的使用上，村民们往往持"能用就行"的态度，商品是否具备其应有的使用性，是其最关注

---

① 蒋诗萍：《符号修辞视域下的品牌表意机制研究》，《福建师范大学学报》（哲学社会科学版）2014 年第 3 期，第 61~66 页。

的问题。

以使用比较普遍的电饭煲和液化气灶为例。在上坪村第3组的65户家庭中,有28户使用液化气灶,有39户使用电饭煲,在一些村民家中,可以看到不止一个电饭煲和液化气灶。但是,大部分村民的使用观念是"能用就可以",用坏就再买一个,旧的也舍不得丢掉。这两类商品普遍的购买价格在100~200元。电饭煲以老式基本款为主,只有简单的煮饭和保温两个功能,液化气灶也以单头灶居多。在家的村民大多不知道自己使用的是什么品牌,只知是杂牌。在村民所谓的杂牌中,既有国产的三角、半球等老牌子,也有一些根据知名品牌的名称或者拼音变化而成的山寨牌子,还有从未看到过的牌子。笔者对这两类商品的品牌使用情况进行了统计,其中电饭煲的杂牌使用率达71.4%,液化气灶的杂牌使用率达88.89%。在访谈中,很多村民也表达了对此类商品品牌的忽视。

"电饭煲嘛,就是煮饭,一般人少的时候就用电饭煲,方便些。我个人(方言,自己的意思)在下坪街上买的,晓得是个么子牌子哦,反正是个杂牌子,几十块钱,用哒两年哒,也没有坏。"

——LYY,61岁,务农

"我屋那个是原来在外面打工带回来的,你问我么子牌子,我想不起了,当时就是随便买了个。这些东西我看没得必要讲牌子,几十百把块一个,哪个都买得起,未必那个几百上千的煮饭就好吃些呀,我看差不多,以前土锅土灶还不是照样大酒大席搞得上好。"

——ZGL,63岁,务农

另外一个典型的例子是电热水器的消费。在上坪村村民安装的电热水器中,有许多"樱花"牌电热水器。但此"樱花"多是广东中山产的"樱花"牌。据查,2016年,广东省高级人民法院就已经终审判决"广州樱花"

的侵权行为,并令其停止销售,是名副其实的假货。①

> "我给你说,我们村里用的樱花大部分是中山产的,是××(一个村民)从广东拉回来的。我晓得这个正牌子是台湾的,不影响,这个用起来也还可以,洗个澡嘛,有热水就行哒,没必要讲牌子。"
> ——ZGM,67 岁,务农

> "这是我们去年修新屋的时候安的,我用哒一年多哒,觉得还可以,也没有坏过,洗澡水也还大,也热乎,比原来烧水洗方便得多。农村里,没得那没多讲究,牌子不牌子无所谓,只要耐用就行哒。"
> ——ZZJ,39 岁,半工半农

村民更关注的是其能否正常供应热水、使用是否方便、是否耐用,对其使用的安全性、售后服务、品牌真假并不十分关注。可见,村民们购买山寨品牌,与城里人买大牌仿品有着全然不同的逻辑。在杂牌的消费上,他们基本是从使用价值的角度进行的,大牌也好,仿品也罢,对其而言均没有任何意义,而那些主动购买大牌仿品的城市消费者,则更多是从品牌符号意义的角度去理解品牌。

电饭煲、液化气灶、热水器都是上坪村村民家庭中新兴的家庭耐用商品,这些商品的从无到有,反映了村民物质消费需要的升级。如果从最低生存标准看,这些消费并非是维持温饱所必需的,但是,生存资料的需要并非固定不变,生存资料的质量和数量都会随整个社会经济水平的提高而提高。② 在不同时代,由于生产力发展水平不同,生存需要的标准往往也

---

① 《网易:SAKURA 樱花打假再出重拳,"广州樱花"坐实侵权》,樱花官网,2016 年 12 月 5 日,https://www.sakura.com.cn/news/detail/299。
② 于光远:《关于消费经济结构研究的四个角度》,《消费经济》1999 年第 6 期,第 3~6 页。

就有所不同。① 新兴的家庭耐用商品，是存在于上坪村村民日常生活中的新的生存资料。对于这些商品，村民们对消费品类别的需要开始成为必需，但对品质的需要仍非必需范畴。从上坪村村民对新兴商品的日常消费认知和行为中，我们可以发现，短缺经济时期生存导向的消费观念仍在延续，虽然其发生作用的消费品类别有所变化，但其只关注物的使用价值，不关注品牌符号意义的消费逻辑并没有改变。

二 信赖导向消费观的出现——"大牌子可靠些"

信赖导向的消费观是乡村社会物质条件改善后，享受型消费在乡村的具体样态，即消费者将品牌符号的意义与信赖关联，认为品牌商品代表着愉悦美好的生活体验，品牌消费的价值在于享受生活。人们常常会把"享受型消费"与"奢侈""享乐主义"联系在一起，代表对生活资料无上限的需求与欲望。在物资匮乏的年代，"享受"常常成为生活糜烂、道德败坏的代名词。那么，随着乡村社会物质条件的逐步改善，当生存已经不再是消费者最重要的消费需要时，农村消费者是否会将品牌消费与"享乐主义""奢侈"等同起来，是否会因为品牌对生活资料产生无限的需求与欲望呢？

从前文关于村民是否购买品牌商品的调查数据可以看到，购买品牌商品是上坪村村民经常性的消费行为之一，只是关注的群体和对象有所差别。年轻的、流动性强的村民，品牌意识更强，针对价格相对较高的耐用品及快速消费品的品牌消费特征更突出一些。不论是家用电器、手机、摩托车、汽车等耐用商品，还是洗护美妆、服装鞋帽、食品饮料等快速消费品，都有相当比例的村民表现出对品牌的关注。

在问及购买品牌商品的原因时，有92.09%的村民选择"质量有保障"，54.94%的村民选择"售后服务好"，54.55%的村民选择"用起来更舒适"（见表3-10）。质量有保障、售后服务好、用起来更舒适是村民购买品牌商

---

① 杨魁、董雅丽：《消费文化理论研究——基于全球化的视野和历史的维度》，人民出版社，2013，第124页。

品的三大主要原因,是他们最主要的品牌消费需要,但这些需要并非生存必需,这反映了村民对舒适生活的追求和对愉悦消费体验的向往,与生存导向的消费观纯粹对使用价值的关注有所区别,是信赖导向消费观的体现。二者区别体现在行为上,表现出"看牌子"和"不看牌子"两种截然不同的消费行为。

表3-10 上坪村村民购买品牌商品的原因（$N=253$）

单位：人,%

原　　因	选择人数	比例
质量有保障	233	92.09
售后服务好	139	54.94
用起来更舒适	138	54.55
让家人生活得更好	47	18.58
有品位、有面子	15	5.93
够时尚、有个性	22	8.70
融入城市的生活	4	1.58
跟身边的人保持一致	14	5.53

品牌符号作为示差符号,可以在物的使用层面表达商品本身质量、服务档次等特征的差异,也可以在社会层面表达社会地位、阶层、身份和品位的差异。从上坪村村民对购买品牌商品原因的回答中,我们可以发现,村民们"看牌子"主要是从物的使用层面对品牌的符号意义进行理解,无论是质量、售后服务还是使用的舒适性,都是商品使用价值的拓展和延伸,是从使用价值发展出来的。

基于此,笔者认为,就现阶段而言,享受导向的消费在上坪村是存在的,但其出现和发展更多地是以生存导向价值观为基础的,表现出对知名品牌的信赖和对更高层次舒适生活的追求,与"奢侈"和"享乐主义"所表现出的对物质产品无上限的欲望存在很大的区别。

以家电为例,海尔可以说是上坪村村民心中响当当的大牌,村民不仅在电冰箱、洗衣机等龙头产品上对其认知度较高,在电视等非龙头产品上对其的购买率也比较高。在上坪村第3组村民家庭中，有33%使用海尔冰箱，有15%使用海尔电视，有21%使用海尔洗衣机。提及海尔，大部分村民都知道，购买海尔家电的村民也表示其购买的主要原因在于"大牌子可靠"。

"海尔的冰箱还是不一样。你看，我妈屋里原来买了，买两年不晓得修哒好多次，农村里维修很麻烦，后来干脆不用哒，懒得修。我这个也买两年了，一次都没坏过。买这些电器东西还是要买牌子货，不然修都修不起，这些牌子货基本上不要修得，省事些。"

——ZXM，34岁，个体户

"我是去年买的海尔电视，在沙道沟海尔专卖店买的，50寸平板电视，买成2500块。原来那个电视用了十几年，去年看不到哒，是创维的。这个电视屏幕大，看起舒服些，挂到屋里也好看些，不比原来那个大坨子，屏幕又小又占地方。海尔都晓得是大牌子，买电器这些东西，还是要买大牌子，维修啊各方面都要可靠些。"

——ZGM，67岁，务农

笔者看到，ZGM家的电视机屏幕下方，标注的品牌是模卡（MOOKA），和平常看到的海尔的品牌标识不一样。ZGM解释道，这是海尔系列的，他打售后电话查过，是真的。笔者在网络上进行了检索，发现MOOKA的确是海尔针对互联网时代用户定制的智能电视产品系列。①

从ZGM对海尔的品牌认知及其购买行为可以看出，屏幕大、挂起来好看、维修方便是其选择海尔最主要的原因。在其消费观念中，品牌尤其是大牌的符号意义，是区分商品质量和服务好坏的标准。同时，村民们购买的大牌家电价位不高，基础功能的型号较为常见，对商品使用价值的需要亦是其

---

① 百度百科："模卡电视"词条，https://baike.baidu.com/item/%E6%A8%A1%E5%8D%A1%E7%94%B5%E8%A7%86/7841002?fromtitle=mooka&fromid=13027937&fr=aladdin。

重要的消费诉求。

作为一种交通工具，汽车是一种新的人类文明，它为人们的出行带来了革命性的变化，使出行更加便捷、舒适、自由；作为一种昂贵的消费品，汽车是身份地位的象征，彰显着个人品格和财富，代表着成功、荣耀、富贵和时尚，是一种"地位符号"和"身份名片"。[①]

近五年，汽车开始出现在上坪村村民家中。在第3组65户村民中，有家用汽车的有23户（见表3-11），其中广东、浙江牌照的车几乎占到一半。在上坪村村民购买的汽车中，本地牌照的车多以低价位的新款面包车和小货车为主，轿车和SUV较为少见，价格以5万~8万元为主，五菱宏光、长安、宝骏是主要的品牌。外地牌照的车以家用轿车和SUV为主，国产哈弗、吉利、传祺、众泰等品牌较多，合资品牌较少，价格在10万~15万元的居多。平时，外地牌照的车几乎不多见，在村里常见的就是面包车和小货车。

表3-11　上坪村第3组村民家庭汽车品牌消费情况统计

品牌	数量（辆）	价格	比例（%）	车型	数量（辆）	购买者	比例（%）	使用时间	比例（%）
五菱宏光	5	5万元以下	21	小货车	2	父母	28	3年以内	11
宝骏	5								
众泰	2	5万~10万元	23	商务（面包）车	6			3~5年	83
长安	2								
哈弗	2								
大众	2	10万~15万元	39	家用轿车	12	子女	72		
传祺	1								
吉利	1								
本田	1	15万~20万元	17	SUV	3			5年及以上	6
标致	1								
别克	1								

[①] 林晓珊：《汽车梦的社会建构——中国城市家庭汽车消费研究》，社会科学文献出版社，2012，第30页。

村民 PXF 在县里的超市打工，丈夫专门跑上坪村至宣恩县的客运，客运车是自己家买的。她讲述了自己家买车的经历。

"我们家 2014 年左右买了个别克的轿车，花了大约十万（元），但是放在家里一直不怎么用得上。2017 年，我和老公一商量，觉得还是五菱的面包车比较实用，既可以搞营运又可以家用，就把原来的车卖了，换成了五菱宏光的七座小客车。买车没花好多钱，但运输手续整个办下来也花了 18 万（元）左右，2018 年一年跑运输差不多赚了七八万（元），两三年可以把本钱赚回来。这个车对于农村来讲还是很实用的，坐的人多，逢年过节一大家人往哪里去，一车就坐下了，比较方便。"

——PXF，31 岁，美容师

对于长期在家的车主而言，跑运输兼家用是汽车最主要的使用方式。汽车兼具了生产与消费两种功能，既能赚钱又能和家人一起享受生活，提高生活品质。

长期在外的车主对车的品牌认知和需要则与长期在家的车主有一些差异。村民 XZX 在州府一家保险公司做保险员，她与女儿在城里租房居住，丈夫在外地务工，女儿在城里上小学。她家购买的是别克的轿车，平时基本生活在城里，只有周末或者逢年过节才会回村里。她也对笔者讲述了她购车的经历和想法。

"我家的车是 2016 年买的，我们主要是在城里用，所以买的轿车。我本来想买个国产车算了，十万（元）左右，也不要贷得款。我老公说，国产车没得用，就是个壳子，便是便宜些，不经搞，小毛病多。他对车比较了解，身边买车的朋友多，都跟他说莫买国产车，我也找不到，就听他的。我这个车买成 18 万多（元），贷了一半的款，自己出了一半。我和姑娘一直在城里，主要是觉得个人（方言，自己的意思）

有个车方便些，有时候姑娘星期五放学哒，我还可以开车回来吃晚饭，星期天晚上再去，想哪时候走都行，放假哒带起娃儿，还可以到处去玩哈。"

——XZX，34岁，保险销售

春节返乡高峰期，很多有车的村民会从浙江、广东把车开回来，一则可以带几个老乡或者家人，二则过完年还能从家里带些东西走。他们对车的要求除实用性外，还有外观看起大气、好看、舒适，甚至一些没买车的村民，也希望以后自己买的车要大气。因此，对一些国产品牌的SUV，如哈弗H5、传祺GS4等，村民们的提及率比较高。

与非流动村民对汽车兼具生产功能的消费对比来看，流动村民在汽车品牌的消费上，更看重汽车消费的现代意义，汽车代表着便捷、舒适、自由的现代生活，而不仅仅是一种交通工具。村民们在一起时对汽车及其品牌津津乐道，超前消费带来的生活幸福感、大气外观的追求带来的满足感、城乡之间驰骋带来的自由感，包含着强烈的消费主义色彩。从这些现象看，村民的汽车品牌消费，似乎也具有了享乐主义的倾向。

正如鲍德里亚对消费社会"消费-享乐"思维的批判那样，消费社会为大众创造了舒适优美的环境，而"环境美是生活幸福的首要条件"。[①] 在无尽变幻的"物"的诱惑下，大众不仅感受着新生活的乐趣，而且发挥丰富的心理联想功能，逐渐形成了"消费-享乐"思维模式。当个体对幸福的体验与消费关联起来时，这种关联极易成为对享乐主义欲望合理存在的辩护。这样的担心不无道理，并已在城市消费社会形成的过程中得到验证。在当下农村社会，既有保存着生存主义理性的村民，又有存在享乐主义欲望的村民，他们在实用与享乐间采用何种策略，是值得我们进一步讨论的问题。

三 发展导向消费观的萌芽——"金宝贝幼儿园好"

所谓发展导向的消费观，即消费者认为消费的价值在于满足人素质与能

---

① 让·鲍德里亚：《消费社会》，刘成富、全志钢译，南京大学出版社，2014，第6~7页。

力提高的需要，在消费资料上，重视对德育、智育、美育、体育等方面发展资料的消费。① 一般来说，教育文化、卫生保健、娱乐通信等消费，都属于发展型消费。上坪村村民在基本的物质生活得到满足后，除追求物质上的享受外，也开始表现出对发展型消费的重视和需求。

一是在教育消费上，开始出现对品牌教育的需要。

以幼儿教育为例，2011年以前上坪村没有幼儿园，适龄幼童要么没有学龄前的教育，要么被送到镇上的两所幼儿园，车程需要三四十分钟。按照村民的说法："那时候娃儿上幼儿园，要6点多起床，背起娃儿打起电筒送。"现在，笔者发现，几乎所有在家的适龄儿童都被送到邻近的乐坪村的金宝贝幼儿园上学。目前，幼儿教育尚未被纳入我国的义务教育体系，幼儿教育阶段的学费需要家长自己承担，该幼儿园每学期的学费是2500元，一年需要5000元。周边几个村的适龄儿童，在金宝贝幼儿园的就读率非常高，甚至一些在外务工的村民也专门将孩子送回来在该园就读，一是因为该园的学费要远远低于城市幼儿园的学费，二是因为学校教学口碑很好，村民们谈起该幼儿园，往往赞不绝口。

> "这个幼儿园可以，伙食搞得好，娃在那里吃三顿，回来从来没有喊饿，也没吃局过。每天接送都有校车，送到屋门口。重阳节的时候，教小娃儿给爷爷奶奶做的卡片，带回来给我们，每年六一都搞文艺晚会，每个娃儿都有节目，喊我们去看。每学期还要开家长会，要我们注意安全、少玩手机。"
>
> ——QZJ，55岁，家庭主妇

"我姑娘是在金宝贝上的幼儿园，现在在恩施城里上小学。我觉得金宝贝搞得不错，我姑娘到城里了一点都没觉得不适应，和城里那些娃

---

① 杨魁、董雅丽：《消费文化理论研究——基于全球化的视野和历史的维度》，人民出版社，2013，第124页。

儿差不多，现在还在班上当的班长，学习成绩也还可以，农村里的幼儿园能搞到这个样子，那很不错哒。"

——XZX，34 岁，保险销售

村民纷纷称赞的金宝贝幼儿园，是返乡村民 ZJY 于 2011 年创办的。笔者来到该幼儿园进行了访谈和观察。

在与园长 ZJY 进行交谈的过程中，笔者发现，园长有着比较现代的幼儿教育理念，对教育部颁布的《3—6岁儿童学习与发展指南》非常熟悉，在园区管理、师资建设、教学内容、家园沟通等方面都有着比较先进的理念和想法，对教师和员工也有着比较规范的管理。

在园区建设上，整个幼儿园有 1700 多平方米，进行了教学区、活动区、餐饮区、办公区的明确划分，教学楼涂成了鲜艳的黄蓝两色，以示与周边民居的区分。每个教室都有区角活动区域，也安装了电视、电脑等电化教学设备，孩子的口杯与毛巾规范摆放，每个班的师资都是"两教一保"（两个教师，一个保育员）的标准配备。老师都穿着统一的工作服，从早上入园到下午放学，都有着较规范的教学管理流程。教学内容有晨间谈话、区角游戏、户外活动、音乐、美术、手工、故事等，在当天，笔者并没有发现在教学内容中有"小学化"的倾向。幼儿园有自己的官方网站、微信公众号，并通过微信公众号建立了在线家园共育系统，系统具备公布每周教学计划、查看班级相册、建立班级沟通圈、发布通知等功能。园区内悬挂着宣恩县教育局颁发的"一级幼儿园"和"恩施州宣恩县普惠性幼儿园"（普惠性幼儿园一般注重园所安全、用房配置、户外场地、设施设备、经费投入、办园规模这些问题。普惠性幼儿园应该具有以下特征：一是达到市教委规定的办园基本标准；二是面向社会大众招生；三是收费实行政府定价或接受政府指导价）两块牌子。在园长办公室，园长给笔者展示了湖北电视台教育频道对该园进行的题为《树武陵山区领导品牌，办人民满意学前教育》的电视报道。

通过访谈和观察，笔者认为，从发展理念、学校管理建设和社会评价各方面，金宝贝幼儿园都可以算是品牌化发展的乡村现代幼儿教育机构。附近区域幼童在该园的高就读率，也反映了村民对优质教育资源的迫切需要。村民们在发展性消费上，表现出了对后代教育的重视，"读书无用论"并没有影响村民对子女教育的重视，一部分通过知识改变命运的村民起到了极大的示范作用。在教育消费上，品牌教育代表了优质的教育资源和现代的教育理念，村民们对金宝贝幼儿园的一致选择，是其发展导向消费观在品牌教育消费上的集中体现。

二是在医疗卫生消费上，开始出现对品牌医疗的需要。

笔者由于研究的需要，经常往返于州府与上坪村，时间一长，就熟悉了村里客运司机的路线。客车到城里后，一般会把客人送到他需要到的具体地点，师傅为了揽客也会在坐车人比较多的地方等客。州中心医院就是送客拉客的聚集点之一。

笔者发现，村民在州中心医院就医的频率比较高，"乡里的医生不行，看不到病"是与村民交谈时常常听到的一句话，但凡稍微重一些的病症，以往"拖一下就好"的观念基本不复存在，都希望去大医院查个清楚，村民们对身体健康的重视程度大大提高。熟悉的村民时常让笔者帮他们去州中心医院买药，笔者一开始以为在镇上买不到这些药，后来才发现，村民们买药时，除了药品名称，还要看药品品牌是否与医院医生开的一致，否则怕买到假货，有些药品品牌只有医院才有，就必须去医院购买。

州中心医院作为恩施州最早的一家三级甲等医院，在区域内的医疗资源优势是明显的。村民们舍近求远地去州中心医院就医，反映了他们对品牌医疗的需要。对村民来说，品牌医疗意味着身体健康能得到最佳保障，选择品牌医疗机构就医是村民健康发展导向消费观的表现。

三是在通信娱乐消费上，开始出现对品牌服务的需要。

在移动互联网时代，通信与娱乐服务往往是联系在一起的。在智能手机几乎全员普及的上坪村，村们在通信娱乐消费上也逐渐有了品牌服务的需要。

在信息通信服务上，村民对移动流量的需要比无线网络更迫切一些。据村委会的统计数据，截至 2018 年 7 月，上坪村 188 户村民中，安装宽带的共 36 户，由于年轻村民大多外出务工，开通宽带的家庭并不多。很多村民每月会购买一定的流量套餐，套餐金额并不高，18 元、38 元、58 元的话费套餐消费比较多见。通信服务商在乡村市场的竞争非常激烈，能安装到家、提供使用指导服务、优惠促销比较多的服务商，较受村民的欢迎。由于村民都是使用手机上网，网速快慢是他们非常关心的问题。

娱乐是村民使用手机的主要原因之一。视频、游戏、聊天是村民们比较常用的手机娱乐功能，村民们选择哪些在线平台实现这些娱乐功能，体现了这个群体对此类在线产品品牌的理解。

"我喜欢玩些小游戏，像斗地主、消消乐这些，我一般就是用微信和QQ游戏，登录比较方便。那些游戏打打杀杀的我玩不来，这个玩起比较轻松，不要想得。"

——ZAM，50 岁，个体户

"我喜欢追剧，厂里下班了没得事，就追剧打发时间，一般都看腾讯视频，因为我买的联通的大王卡，看腾讯视频流量是免费的。"

——ZSQ，36 岁，工厂务工

"我喜欢玩游戏，王者荣耀啊、吃鸡（绝地求生）啊，我都玩，小时候屋里没得电脑，就经常和同学到网吧去玩，一得空就一起去，现在就是用手机玩。我喜欢玩王者荣耀，操作简单、时间短、节奏快，一天工作搞累了，打游戏觉得比较放松。"

——ZQ，22 岁，汽修厂工人

可见，通信娱乐消费主要与村民的精神文化需要相关，村民在进行此类虚拟信息产品消费时，对品牌的理解主要与使用感受、生活经验、个人喜欢相关，品牌的价值主要在于对个体兴趣的满足和对生活情境的适应。

四 社会化导向消费观的强化——"按规矩来"

社会导向的消费观,即消费者认为消费的价值在于满足人的社会需要,如社会交往、受尊重、自我实现的需要。前文曾提到,品牌是"物-符号"的二联体,基于社会导向的消费观,品牌符号的功能主要从"物-符号"这个二联体的表意一端发挥作用,消费者消费商品时,表达的是符号的社会象征意义。

在以生产为主导的传统乡村社会,受尊重和自我实现的需要主要是依靠生产满足的,消费的社会象征意义主要体现在乡村社会传统的仪式消费中。在土家族乡村社会,结婚、满月、丧葬、建房等大型人生仪式活动,以及清明、端午、月半、春节等特殊节庆,都有特殊的消费规则,遵循着土家族社区的传统和习俗。一般来讲,这些仪式消费都需要"按规矩来"。"按规矩来"既是仪式消费必须遵循的规则,也关系到办事人家的"体面"。"体面"就是消费的社会意义,对于大部分的村民来说,仪式消费中的"体面"观念是一直存在的。从传统来讲,这种"体面"是看仪式消费物品的多少、帮忙人的多少、宴席的好坏等,如今,也有品牌的讲究。

以结婚为例,结婚是传统乡村家庭消费支出最大、添置物品最多的大型人生仪式之一。结婚仪式办得体面和排场,于乡村社会有着重要的意义。在上坪村,这种体面和排场的观念,在婚礼消费的"规矩"上,主要表现在三个方面。

首先是彩礼和嫁妆的品牌消费。

按照土家族风俗,上坪村年轻男女结婚,男方家庭需要给女方家庭送"彩礼",而女方家庭则需要置办"嫁妆"。村里传统的"彩礼",男方要用挑子(篾编的小箩筐)装礼物,请人挑到丈母娘家,一般有猪腿、黄豆、米、豆腐、酒、烟、海带、粉条等,还要另外送半头或者整头礼猪,以及送女方父母和长辈几套衣服。女方置办的"嫁妆"一般是10~12抬(两个人用一条扁担抬一样嫁妆称为一抬),通常是碗柜、床、衣柜、箱子、高低板凳、椅子等自制的木质家具。

2000年左右,"彩礼"和"嫁妆"开始发生明显变化。为了方便省事,"彩礼"从物品折合成现金,2010年以前为3000~5000元,随着生活水平的不断提升,男方支付的彩礼钱也逐年上升,2010年以后开始上万元,现在"彩礼"需要8万~10万元。随着彩礼钱的不断提高,嫁妆现代化和商品化程度也越来越高,从以自制的木质耐用品为主变为以家用电器、组合家具、厨具、餐具、床上用品等现代耐用商品为主。女方的陪嫁物品会在婚前提前置办好,送到男方家中,结婚时再无须人"上抬"(用扁担将嫁妆抬至男方家中)。

彩礼钱提高了,女方在置办嫁妆时也要讲档次,品牌就是嫁妆档次的体现,嫁妆的档次关系到嫁过来的女方的"体面"。为了"体面",陪嫁的电器、家具要讲究品牌,电器以国产知名品牌为主,家具以九天和皇朝等品牌为主。

笔者在村民XZX家看到,在客厅的中间摆着一台长虹的背投电视。

> "我是2008年结婚的,这个电视是我的嫁妆,那时候流行背投,我买成8000多元,长虹的,那时候相当贵了,我们农村里当时还没什么人买。其实买了也没怎么用,结婚以后我们都出门打工去了,就是过年过节回来看哈,后来放到那里放坏哒。"
>
> ——XZX,34岁,保险销售

这样的情况不是个别现象,购置嫁妆的时候为了显档次,买一些高档但并不十分实用的品牌商品,在上坪村彩礼钱普遍提高的当下,是比较常见的。笔者在村民ZMM家中看到了海尔的双开门冰箱和苏泊尔的新款电饭煲。ZMM告诉笔者:"这是儿媳妇的陪嫁,冰箱买成5000多元,电饭煲买成2000多元,都是在来凤买的。"笔者发现,ZMM家双开门冰箱并没发挥其不同食物分开储存以及容量大的优势,电饭煲也已经坏了,ZMM买了个新的,花了200多元。

虽然在平时的日常生活中,村民对家庭耐用品的消费观念还是以舒适和实用为主,但在嫁妆购置上,却表现出了讲体面的社会导向观念。

其次是婚礼宴席的烟酒品牌消费。

婚礼宴席的排场是讲究体面的人户看重的。在上坪村，遇到结婚这样的重要仪式，往往是全村人参加，还加上十里八乡的亲戚。主人设宴款待至少一天，亲戚要吃住几天，前后有两三天的花费。办宴席原来一般是村里能干的人来帮忙，现在有专门承接宴席的班子，酒席一般分为328元、358元、388元、428元四个档次，包给宴席班子，从买菜到做饭再到收拾一条龙服务，烟和酒由主人家另外搭配。

烟和酒是宴席必备的，来了客人还需要装烟，现在烟酒的品牌是婚宴档次的体现。一次婚宴办下来，烟酒的花费少则几千元，多则上万元，烟酒档次的高低主要体现在品牌和价格上。

婚宴的白酒又分为不同档次。最高档的为白云边12年陈酿，118元一瓶，用的人非常少；中档的一般为杜康一类，35元左右一瓶；中低档的一般为小黄鹤楼一类，25元左右一瓶；最普通的为白云边3年陈酿，18元左右一瓶。对于最普通的村民家庭来说，白云边3年陈酿用得最多。除此之外，用本地酒厂的散装苞谷酒办宴席的也比较常见，散装酒也分为三个档次，每斤分别为6元、8元、10元。

待客的烟是开支的大头，根据不同的品牌，有不同的档次。最高档的一般用芙蓉王，每包25元左右，一般是比较富裕的或者家里有人在城里工作的人户才会使用；中档的一般用黄鹤楼蓝色软壳装，一包18元左右；最普通的用红金龙、金白沙一类，每包10元左右。以笔者参加的村民ZW的婚礼为例，他待客的烟全部使用的是芙蓉王，一次酒席用了60多条烟，共计花费1.5万多元。

最后是接亲车队的汽车品牌消费。

以前接亲讲究人多、热闹、喜庆，现在，随着家用汽车在乡村出现，接亲还需要车队，车队车的数量及品牌是婚礼排场的体现。这些车往往不是自己的，需要靠男方向亲戚朋友借，能借到几辆车、借到什么品牌的车，通常是男方家庭社会地位、社会关系和经济实力的体现。

车队的车必须是双数，4辆是最基本的配置。普通的婚礼能借到4辆车组成车队就可以了,不论品牌、档次、颜色等。如果能借到 4~6 辆合资品牌的车,如大众、别克、福特等,或者稍高档一点的国产品牌车,统一颜色组建成车队,算是比较"体面"的接亲车队了。如果有一两辆"豪车",如奔驰、宝马、路虎等,后面跟上一些中等档次的车,一起凑成 8 辆,那就是非常"体面"的接亲车队了。在山西给矿老板打工的村民 ZW,由于和老板关系很好,结婚时老板借给他两辆奔驰用于接亲,这使他的婚礼成为村里排场婚礼的典型,村民们一讲起婚礼的排场经常会提到他的婚礼。

由此可见,讲排场、讲体面的社会导向消费观在传统乡村社会的礼仪消费中就存在,而现在,品牌消费强化了这一观念,品牌符号在礼仪消费中成为村民社会资本和经济资本的象征。当然,在乡村社会从生产向消费转型的过程中,除了仪式消费,个体通过品牌消费满足现代生活中的社会尊重、自我实现、身份认同需要的社会化导向消费观,同样存在于村民的个体消费实践中,但由于这样的消费实践更个人化、具体化,本书将专列一章(第四章)分析村民个体的品牌消费与认同实践,在此不再赘述。

第三节 品牌消费方式的转型跃升

在西方的现代化过程中,传统和现代之间的转变是渐进式的,是用了几百年的时间来逐渐实现这一转变过程的。中国则不同,中国由传统社会转变为现代社会、由农业社会转化为工业社会的过程相对较短,往往前一个过程还没有结束,后一个过程就开始了。同时,在中国快速走向世界的过程中,世界已经出现了"后现代"的征象。改革开放的中国,呈现传统性、现代性与后现代性大汇集的状况,学者景天魁用"时空压缩"的概念描述了当前中国社会发展的基础性结构。[①] 在这样压缩化发展的背景下,农村居民品牌消费方式的变化也是跨越式的。

---

① 景天魁:《时空压缩与中国社会建设》,《兰州大学学报》(社会科学版)2015 年第 5 期,第 1~9 页。

一 从节俭式消费到两栖化消费

节俭式消费是与传统社会或农业社会相适应的一种消费方式。这种方式是在长期的抵制消费诱惑和经济匮乏中形成的,以致最后变成一种本能和习惯,一种甚至把节俭本身当作目的的心理机制。它强调先苦后甜、量入为出、精打细算、居安思危、细水长流。在以匮乏经济为特征的农业社会中,节俭是美德并成为社会规范不断得到强化,与节俭相对的奢侈浪费则被判定为不道德。①

两栖化消费的概念是由学者王宁提出的,特指日常生活中司空见惯的节俭与奢侈并存的消费行为。消费者在不同的消费领域,采用节俭主义和享乐主义两种不同的消费策略,如两栖动物,在水域和陆地分别按不同的规则生存。因此,可以形象地将此种消费方式称为两栖化消费。②

王宁认为,这种消费策略分化具体表现为:第一,在长期消费和即期消费上,消费者"牺牲"即期消费以实现长期消费目标;第二,在显性消费和隐性消费上,消费者根据时尚和面子的标准来进行显性消费,在隐性消费领域则按照节俭的习惯来生活;第三,在子女消费和自己消费上,消费者往往首先满足子女的消费,自己的消费则放在其后,能省就省;第四,在交际消费和私人消费上,消费者采取慷慨和好客的交际消费策略,而在私人消费上,则有可能克扣自己。③

传统上,上坪村村民的消费以节俭式消费为主,尤其是在物资匮乏的时期,上坪村村民的品牌消费以节俭为主。笔者前文曾提及村民 ZGM 家创维电视机用了十几年的例子,这样的例子在上坪村并不少见。

现在,很多村民的消费方式开始有了明显两栖化的特征。在不同的品牌

---

① 王宁:《从节俭主义到消费主义转型的文化逻辑》,《兰州大学学报》(社会科学版)2010年第3期,第14~22页。
② 王宁:《"两栖"消费行为的社会学分析》,《中山大学学报》(社会科学版)2005年第4期,第71~76页。
③ 王宁:《"两栖"消费行为的社会学分析》,《中山大学学报》(社会科学版)2005年第4期,第71~76页。

消费领域，表现出节俭主义与享乐主义两种不同的消费策略。一方面，在收入有限的情况下，拿出一部分钱或通过超前消费的方式满足部分品牌消费需求，抑制其他需求；另一方面，在特殊的时间和空间上满足被调动起来的品牌消费欲望，在其他时间或空间上则抑制消费。

前文中，笔者曾论述了上坪村村民在家电和汽车消费上的享乐主义倾向，村民们在这类价值较高耐用品的消费上，表现出较高的品牌消费意愿，消费时"看牌子"的行为经常发生。那么，他们是否在其他的品牌消费领域，采用节俭的消费策略呢？笔者曾在前文提及村民 XZX 的汽车品牌消费，并论及其享乐主义倾向。在其他消费领域，她又采用何种消费策略呢？

通过观察发现，XZX 在服饰消费上几乎不怎么购买品牌服装，主要是看款式，对品牌、面料、做工等不太关注。买衣服和鞋子主要是去一些款式比较时兴的大众平价商店，挑选一些款式时尚但价格相对不高的衣服和鞋子。在美妆护肤产品的选择上，也以一些平价产品为主，用她的话说："穿起来好看就行了，我们女的衣服款式年年都不一样，买那么好的没必要"。笔者曾不止一次听 XZX 抱怨买车贷款的压力，为了缓解压力，她开通了"滴滴"出行，没事的时候跑车赚点油钱。XZX 在汽车品牌消费上采用享乐主义的策略，在服装品牌消费上采用节俭主义的策略，其消费方式有着明显的两栖分化特征。这种分化的消费策略，在其他购车村民的消费上也有所体现，村民们一方面购买价格昂贵的品牌汽车满足自己的消费欲望，另一方面也常常发出"加不起油""洗不起车""贷款压力大"的种种抱怨。

在子女的消费上，支付能力相对有限的年轻父母也会选择这种两栖化的消费策略，来满足子女的消费欲望，维持子女较高的生活水平。

村民 ZSL 曾经在外务工多年，小孩出生后就留守在家专门带孩子，丈夫一人外出打工，每月工资 3000~4000 元，全家生活主要靠丈夫外出打工的收入。2016 年，笔者刚刚开始田野调查时，ZSL 的女儿大约一岁。笔者去她家，看到她给女儿购买的奶粉是荷兰进口的美素佳儿奶粉，一罐 900 克的奶粉售价约 190 元。她给笔者算了一笔账，说："她每个月主要的开支是奶粉和看病，奶粉一个月要买 3 罐，大概五六百块，一病就要往恩施跑，去一趟就要一两千（元），每个月就是她的开支，我自己基本上不用什么钱。"

现在，她的女儿在金宝贝上幼儿园，每学期开支2000多元，一年需要5000多元。ZSL为女儿买进口品牌奶粉，选择品牌教育机构上学，到品牌医疗机构就医，但自己平时几乎不买新衣服，不用护肤品和化妆品，生活十分节俭。据ZSL自己介绍，村里有小孩的一般都在镇上一家叫"贝比星百货"的母婴店买儿童用品，自己给孩子买的奶粉并不算好，隔壁院子还有些给孩子买的金领冠奶粉，要300多元一罐。笔者来到这家叫"贝比星百货"的母婴店，发现这家店规模比较大，货架上摆着丰富的母婴用品，在奶粉货架上陈列着贝因美、金领冠、合生元、君乐宝等多个品牌的奶粉。据店员介绍，伊利金领冠的确卖得比较好，有几种不同的档次，每罐需要300多元，是金领冠珍护系列。有调查表明，200~400元是中国婴幼儿奶粉的主流价格段，251~300元的奶粉占比约为26.9%，消费者家庭月收入普遍集中在5000~20000元。① 而公开的统计数据显示，宣恩县农村居民2016~2018年的人均纯收入约为9433元。② 可以发现，金领冠对上坪村村民来说的确是"高"消费。

村民ZZY在广州一家生产钢结构的工厂当工人，长期在外务工，工厂工资较高，ZZY曾随工厂去印度等国家施工，在国内务工每月工资5000~6000元，去国外务工期间每月工资7000~8000元，ZZY家属于村民中比较富裕的家庭。2017年，ZZY的儿子大学毕业，在宣恩县城某事业单位作为临时聘用人员上班，ZZY为儿子全款购买了一台大众品牌轿车，花费约15万元，还在家修了一栋欧式大别墅，花费约30多万元，他告诉笔者，装修还要10万~15万元。ZZY的家离笔者借住的村民家不远，笔者发现，ZZY为儿子全款购买昂贵的合资品牌轿车、修别墅，但自己衣着依然十分朴素，返乡期间经常会骑一辆旧的本田摩托车，据他自己说，已经用了将近十年。

---

① 《中国婴幼儿奶粉市场消费调研报告2016》，易观分析，2016年1月29日，https://www.analysys.cn/article/analysis/detail/16361。
② 2016~2018年《宣恩县社会发展与国民经济统计公报》，恩施州统计局网站，http://tjj.enshi.gov.cn/xxgk/gkml/tjxx/tjgb/xsndtjg/。

村民舍得为孩子买价格昂贵的品牌奶粉、品牌汽车，但在自己的生活消费上，却能省则省，这种两栖化的消费策略，反映出乡村父母对子女发展的重视。

流动村民的两栖品牌消费策略则更多体现在不同的时空情境中。例如，在城市打工的女性村民，在生日、春节返乡等特殊时间进行"高"消费，购买品牌服装、鞋子、化妆品、包等。在广州打工的村民ZSQ，在生日的时候特意为自己买了一套卡姿兰品牌的美妆产品，并在朋友圈发文："35岁啦，犒劳自己一下！"ZSQ在广州某酒店打工，月薪在4000元左右，她平时在穿衣打扮上的消费不高，以基础护肤产品为主，穿衣服也不讲究牌子，喜欢去广州批发市场购买。在务工村民们每年春节返乡期间，镇上和县里的超市、商店生意比平时红火很多，在镇上开法兰琳卡化妆品店的ZXM，在朋友圈展示她店内生意的火爆，并配文："过年了，对辛苦了一年的自己好一点！"ZXM告诉笔者，年前是生意最好的时候，打工的人都回来了，手上的钱这时候都舍得用。

王宁和严霞将两栖消费策略的出现归结于急速升级的消费欲望刺激与消费的结构性约束之间的巨大张力。这种巨大张力使得消费者行为呈现浪漫伦理与现实伦理并行的两栖化特征。消费者既保持着与传统社会或农业社会相适应的消费主体性和欲望调节机制，崇尚理性节俭，又摆脱不了享乐主义与物质主义的符号化实践，不满足于现状，总是想超越原有的消费产品而追求新奇的消费体验，从而成为工业社会尤其是后工业社会的被动产物。[①] 学者吴金海却认为，两栖消费中的节俭主义和享乐主义，本质上是一种"效率性"消费，都是与消费主义价值观相一致的，是在消费主义价值观主导下所采用的消费策略。[②]

笔者认为，就上坪村的经验来看，王宁和严霞对两栖消费方式的解释似

---

① 王宁、严霞：《两栖消费与两栖认同——对广州市J工业区服务业打工妹身体消费的质性研究》，《江苏社会科学》2011年第4期，第90~100页。
② 吴金海：《"效率性消费"视角下的"两栖"消费现象》，《江海学刊》2013年第6期，第102~109页。

乎更符合当下上坪村的消费实际。面对裹挟在消费主义洪流中的老一代上坪村村民，笔者发现了他们对舒适生活的向往，也看到了他们在消费中的节俭克制，他们遵循着农业社会和工业社会的伦理进行自我消费调节，两种消费伦理在他们消费方式中产生了激烈的碰撞。笔者无法从经验材料中完全得出这种节俭完全归结于对消费主义的向往和推崇这样的结论。当然，那些随第一代农民工走出大山的新生代村民，他们更多地成长于市场化和全球化的浪潮之中，他们能在多大程度上继承节俭主义的伦理，是笔者不确的。但是，当笔者与"90后"农民工讨论节俭观念时，他们并没有对此表现出强烈的排斥，类似"能省则省""量力而行"这样的表达，与前文所述的经验材料一起，让笔者看到了"冲突论"和"效率论"的同时出现。可见，在压缩化发展的中国乡村，消费方式的复杂与矛盾是我们无法回避的问题。

二 从乡土审美式消费到流行审美式消费

在全球化日益深入的今天，消费市场已突破国家、地区的边界，成为一个日益全球化的市场。全球化既指世界的压缩，又认为世界是一个整体的意识的增强。[①] 经济全球化驱动下的全球产业使得社会生产和供应活动趋于标准化，用标准化产品来满足一种全球性的需求，标准化、大众化的商品或品牌成为一种流行与时尚。

消费主义的全球化带来了审美品位的大众时尚化。在消费社会中，美和审美以及艺术都日益趋向大众化、流行化、通俗化，迈克·费瑟斯通指出，与20世纪50年代相比，大众消费、生产技术变迁、市场分割以及消费者对消费品需要的增加，不仅为20世纪60年代后的年轻一代，而且为不断增长的中老年群体，提供了越来越多的选择，选择方式本身也成了一种艺术形式。[②] 现代社会中，大众标准审美的时尚已经扩展到人们生活的方方面面，麦当劳、苹果、耐克等无孔不入的全球品牌与标准化的审美，造就了全球化

---

① 罗兰·罗伯森：《全球化——社会理论和全球文化》，梁光严译，上海人民出版社，2000，第11页。
② 迈克·费瑟斯通：《消费文化与后现代主义》，刘精明译，译林出版社，2000，第121页。

的大众流行趋势。

全球化意味着外来流行的产品和生活方式嵌入本土的文化与生活环境中。王宁将消费全球化研究归纳为三种不同的命题,全球同质化命题、文化混合化命题、不均衡全球化命题。在他看来,这三个命题可以以嵌入型理论为基础被整合进一个理论框架,"全球同质化命题实质上描述的是一个产品脱嵌的过程,文化混合化命题所揭示的是脱嵌产品的再嵌过程,不均衡全球化命题则分析了脱嵌产品在其再嵌过程中的嵌体结构及其对再嵌过程的影响",并认为"社会-文化"这一反脱嵌力量,可以维护文化多元性和族群认同。[1]

在全球化的浪潮下,上坪村村民的品牌消费行为,开始从传统的地方性审美走向大众时尚审美。这种变迁造就了一种混合的地方性时尚,村民的品牌消费审美标准既表现出大众时尚的审美,又在"社会-文化"这一反脱嵌力量的作用下,混合了地方性审美。

以最具代表性的麦当劳、肯德基消费为例。美国社会学家乔治·瑞泽尔通过分析麦当劳的全球扩张,提出用"麦当劳化"来概括当代社会的一种文化现象。[2] 翁乃群在《麦当劳中的中国文化表达》中描述了中国消费者将麦当劳作为"现代化幸福生活象征""参与跨国文化体系途径"的消费现实。[3]

干净明亮的餐厅、微笑的服务员、整齐划一的食物、轻松愉快的音乐,麦当劳、肯德基用标准化的生产制造着大众化的流行审美。这些全球化的品牌流行文化,于上坪村村民而言,有着怎样的消费体验呢?

ZGY 72岁,三个孩子都在城里工作,谈起麦当劳、肯德基,ZGY表示很不喜欢那个口味,非常不好吃。他说:"那个汉堡包,两片面包夹点生菜,甜腻甜腻的,有个么子吃尝(方言,味道的意思)。"ZGY是家里的老

---

[1] 王宁:《消费全球化:视野分歧与理论重构》,《学术研究》2012年第8期,第30~42页。
[2] 乔治·瑞泽尔:《汉堡统治世界?!——社会的麦当劳化》,姚伟等译,中信出版社,2006,第2页。
[3] 翁乃群:《麦当劳中的中国文化表达》,《读书》1999年第11期,第132~137页。

大，四兄弟都居住在村里，他们经常坐在一起喝酒吃饭，用他们的话说："喝点苞谷酒，吃点肥坨坨肉，那才叫舒服！"吃饭的时候喝点苞谷酒是村里老年村民的习惯，他们不喜欢喝啤酒，不喜欢喝红酒，甚至不喜欢喝某些瓶装的白酒，就爱村里酒厂打的苞谷酒，认为这种酒"喝起才有劲"。

对于中青年村民来说，麦当劳、肯德基是可有可无的存在，他们并不十分喜欢，也不讨厌，不存在特别的喜好。一些务工村民表示，刚开始去外面打工时，觉得麦当劳、肯德基很新鲜，但是价格贵，不太吃得起，去吃过几次之后，新鲜感就消失了，觉得味道一般。有时候和朋友一起出去玩，也常常去吃，主要是图个方便，环境比较好。每年返回打工地时，外出务工的村民总会带走一些腊肉、腌菜、豆豉、霉豆腐（即豆腐乳，当地俗称"霉豆腐"）等土特产。在浙江打工的村民ZL，过完年准备走时带了一个腊猪蹄、两块腊五花肉、一罐霉豆腐和一些晒干的竹笋，他边收拾行李，边和笔者聊天："这些东西外头吃不到，到外头久了，想这一口都想不到啊，浙江那边的东西不好吃，没得味，我们经常买些有味的东西，老干妈、下饭菜、重庆火锅底料，打工的只要个人弄饭，哪个屋里都买的有这些！"

村里的孩子们则对肯德基有着强烈的渴望。2009年，肯德基在恩施市开了第一家店，开业时排起了长队，店里采取了限客措施，顾客需要分批进入店内。PXF的儿子7岁，上小学，和她一起租住在宣恩县城。她告诉笔者，孩子每次去恩施都要去肯德基，可乐、汉堡、鸡翅是他的最爱。ZMY是村民XZX的女儿，在恩施市上学的她，也对肯德基情有独钟。2017年暑假过完，她们从村里返回城里，第一件事情就是去肯德基吃晚餐，XZX在微信朋友圈发了孩子在肯德基消费的照片，并配文："在乡里待了一个暑假，这个娃儿憋恼火哒（方言，憋久了的意思）"。可见，村里的孩子们对全球流行的食物和味道给予了极大的肯定。

另一个全球消费文化的代表品牌是"苹果"。"苹果"推动了智能手机的全球化，但真正将智能手机普及到中国广大乡村的是OPPO、vivo、华为等国产品牌。相对于乡村地方性的消费产品而言，不论是"苹果"还是OPPO、vivo、华为，都是按照全球化生产逻辑生产的创新技术产品，它们具备大致相同的审美风格，如越来越大的屏幕、越来越轻薄的机身、越来越强大的摄像头。从这个意义看，这些品牌都是智能手机流行的合谋制造者，他们一起制造了大众的流行，上坪村村民也不无例外成为大众流行的追随者。有趣的是，这些大众流行品牌追随者的审美品位，也深深打上了地方性的烙印。在冬天，笔者常常在村里看到手拿流行智能手机、脚穿手工棉鞋的村民来往于村庄中，大众流行审美与地方性审美混合在一个人身上，却没有任何的违和感。流行的品牌手机与地方特色棉鞋混搭在一起，制造了一种"地方性的时尚"。

这种混合审美的消费在上坪村村民的品牌消费中并不少见：喝着进口品牌奶粉的孩子却盖着西兰卡普镶边的小铺盖，围着土布包裙，穿着手工布鞋；穿着阿迪达斯、耐克品牌衣服和鞋子的青少年，可能垫着手工的绣花鞋垫；在朋友圈晒必胜客与西餐牛排的务工家庭妇女，做饭时会使用村里集市购买的菜刀。这一切都自然地发生，村民们司空见惯，不会感到半点突兀，外来文化与地方文化在日常生活消费中嫁接在一起，形成了上坪村村民独具地方性的审美消费方式。

王宁曾提出了决定本地居民对外来产品或生活方式的态度的最主要的两个因素：第一，认同逻辑，按照族群习俗与族群认同来采取行动；第二，效率逻辑，按照效率的原则来采取行动。效率逻辑代表高效率的生产方式和生活方式，推动现代化进程；认同逻辑则维持族群认同感，传承文化传统和生活方式。[①]

可以发现，村民们在品牌消费全球化的进程中，既遵循效率逻辑来改善自身生活，以提高生活效率，如使用流行的智能电话、家电等，造就大众流行的品牌审美品位；又按照认同逻辑维持自身的地域认同感与族群认同感，保持地方性的审美品位。村民们混合了流行性与地方性的种种品牌消费行为，演绎了消费全球化的乡村进程。而那些混合在全球化进程中的地方性审美品位，如乡村传统美食的地道风味、手工绣花虽不精美却独特的纹样、西

---

① 王宁：《消费全球化：视野分歧与理论重构》，《学术研究》2012年第8期，第30~42页。

兰卡普织锦浓郁的土家特色、传统生活器具的熟悉感，却蕴含着武陵山深处的鄂西土家族长久以来积淀下来的地方文明，承载着村民们浓浓的乡愁和共同的记忆，守护着村民独有的精神家园。

三 从乡村即需即购式消费迈向城市品牌满足式消费

城市化又称城镇化，是指一个国家或地区由以农业为主的传统乡村型社会向以工业和服务业等非农产业为主的现代城市型社会逐渐转变的历史过程。目前看来，我国城乡一体化的发展非常迅速，据国家卫健委公布，预计2030年我国常住人口城镇化率将达到70%，户籍人口城镇化率将达到60%，流动人口约为1.6亿人。城乡差距正在缩小，城乡一体化的生活方式正在形成。在城乡一体化发展的背景下，乡村的品牌消费方式开始向城市转变，从即需即购式消费迈向品牌满足式消费。

按照当下所需购买，一直是传统乡村社会普通人家典型的生活状态。在上坪村，扯一尺布、买几颗水果糖、打一杯酒的记忆还存在于许多村民的脑海中，"用多少买多少""有好大的能力办好大个事"是被倡导的，"寅吃卯粮、大手大脚"则是被鄙视的。这种即需即购的消费方式，一方面受传统观念的影响，另一方面也受限于收入。直到现在，这种消费方式在村民中还是存在的。例如，很多中老年村民给手机充值，会一次充值5元、10元、20元，用多少充多少，而不会像很多城市消费者那样，提前预存半年甚至一年的话费。一些村民购买液态牛奶时，会单盒购买，而不会整箱购买。在村里小卖店，老板会将如蒙牛、伊利这样的整箱纯牛奶拆分成小盒，放在货架上销售。

随着城乡一体化的发展，这种即需即购式消费正在逐渐转向城市居民的品牌满足式消费。从当下的消费趋势来看，城市消费者正逐步走向在提高效率、重视体验、表达态度、追求安全等方面满足的品牌消费方式，而在农村，村民们对品牌消费满足的追求，与城市居民比较起来，既有相似之处，也存在差异。

从对效率的追求来看，在价格便宜但更耗时的产品与价格贵但更省时的产品之间，城市消费者往往会选择后者，高铁、飞机、扫地机器人、洗碗机等，都体现了这种消费趋势，随着城市消费者收入的不断提升，时间变得越来越值钱。而在农村，大部分上坪村村民还没有对效率有特别的追求。在交通工具的选择上，大部分村民出门打工，宁愿选择价格便宜一点的普通列车，或者长途卧铺车，也不愿意买贵一些的高铁票。近几年，春节前夕宣恩县政府会有几趟为返乡农民工定制的爱心大巴，乘坐的村民非常多，需要提前预订。当然，也有少部分村民例外，他们会乘坐更舒适、高效的高铁，甚至飞机出行。村民 ZW 在山西务工，收入较高。妻子和女儿生活在恩施市里，他一年会多次往返于山西与恩施，高铁和飞机是他经常选择的出行工具。他告诉笔者："我也不是吃不得那个苦，我在外面打工，么子苦没吃过，我觉得高铁快一点，人舒服一些。"2017 年暑假，在镇上开店的村民 ZXM 与朋友一起带着孩子去广州长隆游玩，一行人全部选择飞机往返，来去共 7 天时间。

从对体验的追求来看，城市消费者越来越重视衣食住行各方面的消费体验，吃一顿饭的心情远比吃饱重要，住一次酒店的舒适感远比睡觉重要，喝一杯奶茶的体验空间远比味道重要，小米的智能家居生态链、Airbnb 的个性民宿、喜茶的品味空间，都是城市消费者对消费体验的追逐。在精神消费上，部分年轻的上坪村村民也会关注体验的升级。例如，他们不再满足于在家看电视或用手机看视频，去电影院观影成为他们的休闲方式之一。笔者曾去过村民们打工的集中居住地——广州芳村，那里是村民们居住比较集中的一个城中村，聚集了各类快餐店、便利店、奶茶店。快餐店环境干净明亮，类似食堂，快餐 10~20 元一份，奶茶店以夫妻店为主，存在于路边街角。与城市消费者相比，农村消费者并不太注重品牌形象和装修，干净、明亮、整洁即可。

从对品牌态度的追求来看，城市消费者对于品牌态度的需求越来越大于对产品功能的需求，穿衣需要体现自己的品位，开车需要体现自己的个性，优衣库"简约优质美好"的倡导、无印良品"这样就好"的宣言，各种潮牌的个性表达，无不体现消费者对品牌态度的关注。与城市女性消费者喜欢的优衣库、无印良品、ZARA、香奈儿、迪奥等各种潮牌和奢侈品牌比较起来，上坪村的女性更倾向于去一些大众服装超市、批发市场。在沙道沟镇，品牌服装专卖店比较少见，更常见的是售卖不知名品牌但款式大众的衣服的服装超市。与城市女性的个性化、态度化的品牌服装消费范式相比，农村女性更大众保守一些。

从对消费安全的追求来看，城市消费者更愿意购买健康的、受保护的、绿色的消费产品，如非转基因的食品、受版权保护的文化娱乐产品、低碳环保的出行产品等。在上坪村，村民们同样关注消费安全，虽然"五毛食品"深受农村孩子的追捧，但笔者也常常听到年轻的父母多次叮嘱自己的父辈，不要给孩子买这些东西吃，不健康。笔者每次去借住的村民ZGM家，都会给家里的孩子买一点零食带去，ZGM多次告诉笔者，不要买饼干那些，小孩吃了不好，不吃饭。但如果笔者买旺仔牛奶、七个核桃一类的饮品，ZGM则乐意接受，在他的观念中，只要是奶制品都是有益于健康的。

可见，在城乡一体化的发展背景下，乡村消费者对品牌消费满足的追求，与城市消费者不同。对于农村消费者而言，他们旅游，但不在乎酒店的星级；他们看电影，但不在乎屏幕是否是IMAX；他们下馆子，但不在乎餐厅的设计感；他们出行，但不在乎速度；他们要健康，但不太懂如何科学地进行分辨。在与城市消费者看起来相似的消费方式背后，却有着不一样的品牌选择。

第四节　本章小结

在本章，笔者用"跃迁"一词来概括品牌扩散影响下乡村品牌消费转型发展的特征。"跃迁"表现在：品牌消费物的显性提升、品牌消费观念的多元呈现、品牌消费方式的转型跃升。

一　品牌扩散让乡村品牌消费物得到显性提升，推动了乡村消费大众化、商品化、个体化的进程

品牌消费物，即购买和使用的品牌物质产品。物存在于社会生活中，蕴

藏着丰富的社会关系和互动，物有社会生命，物的生命轨迹是探索历史变迁和社会转型的重要窗口。不同的物有着不同的意义和生命轨迹，品牌的乡村扩散让乡村的家庭大件商品、日常消费品、个性化商品的意义和生命轨迹都发生了改变。

大件商品从精英到大众的流动过程，亦是品牌消费物普及的过程。改革开放初期，手表、自行车、缝纫机"三大件"成为乡村精英阶层的标志，一批国内轻工业品品牌如永久、飞鸽、回力等开始走向乡村。改革开放深化期，随着务工潮的到来和村民收入的提升，品牌消费物从"三大件"变为电视、冰箱、洗衣机新"三大件"，走进了普通村民的家庭。

日常消费品从自给之物变为市场之物，打破了乡村封闭的社区和市场，加速了乡村消费商品化的进程。在食物上，不管是主食还是副食，外来的商品性食物丰富了村民的食物种类，不论是知名品牌还是不知名品牌，抑或是山寨品牌，都与外来的食物一起，混杂着进入乡村社区，改变着土家族乡村的饮食消费习惯。在服装上，村民抛弃了裁缝加工的土家族传统服饰，开始转向在市场上购买一些时尚的品牌服装。

个性化商品从家庭走向个人，一些家庭耐用品和日化品开始从家庭装变为个人装，个体在私人消费生活领域崛起，意味着乡村消费的个体化。电话从家庭座机变为个人手机，OPPO、vivo、华为三大国产品牌开启了村民电话消费的个体化时代。品牌洗护用品、化妆品、卫生用品消费的个体化趋势明显增长，流动村民尤其是"90后"村民的个体化消费表现较为明显，品牌选择以大众国产品牌为主、多元个性品牌为辅。

二 品牌扩散让乡村品牌消费观念得以多元呈现，提升了村民的消费需求层级

消费者不同层级的消费需要，会对消费价值产生不同的判断和认知，进而形成不同类型和层级的消费价值观。需要具有层次性，消费需要层级的提升，意味着人的不断发展。

传统乡村社会的生存导向消费观依然延续，"能用就行"是持这类观念

的村民对商品价值的认知。尤其是在电饭煲、液化气灶、热水器这类新兴家庭耐用商品的消费上,"杂牌"成为大多数村民的选择。生存导向消费观作用的消费品类发生了变化,但只关注物的使用价值,不关注品牌符号意义的消费逻辑并没有改变。

信赖导向消费观出现,并伴随一定的享乐主义倾向。持这类观念的村民,往往将品牌的符号意义解读为"质量有保障、售后服务好、用起来更舒适",并认为"大牌子更可靠"。汽车消费呈现一定的享乐主义倾向,"外观看起大气"是很多村民对汽车的期望,因此,一些国产品牌的SUV,如哈弗H5、传祺GS4等成为村民提及率较高的品牌。马克思认为,由于无产阶级的经济地位,他们得到的享乐在数量和质量上都极为有限,但却与其他的享乐一样,具备"同个人的全部生活活动和生活的真正内容脱离"[①]的共同特点。当下乡村出现的信赖导向的消费观,是否如马克思所言,是无产阶级享乐的"粗陋形式"?"信赖"是否是对享乐主义欲望合理存在的辩护?笔者认为,至少在现阶段,这是村民个体自我发展的合理需要,但也需警惕滑向享乐主义的深渊。

发展导向消费观开始萌芽,村民在基本物质生活得到满足后,开始表现出对发展型消费的重视和需要。在上坪村,发展导向消费观主要表现在后代教育、医疗卫生、通信娱乐的品牌消费需要上。村民们对金宝贝幼儿园的一致选择,是对教育发展的需要;舍近求远地去三甲品牌医院就医,是对健康发展的需要;对轻松简单在线娱乐品牌的选择,是对单一精神文化生活补充的需要。

社会化导向的消费观强化,讲排场、讲体面的社会导向消费观在传统乡村社会的礼仪消费中就存在,而现在,品牌消费强化了这一观念。品牌符号在婚丧嫁娶等礼仪消费中,成为乡村社会资本和经济资本的象征,并形成了以品牌为导向的各种"规矩",将品牌消费纳入了乡村社会消费的非正式制度中。

---

① 《马克思恩格斯全集》(第三卷),人民出版社,1960,第490页。

三 品牌扩散让乡村品牌消费方式转型跃升，促进了城乡一体化的消费发展

从品牌消费策略来看，村民从节俭式消费走向两栖式消费。节俭式消费是乡村社会的传统，在传统的农业社会，村民一直都以节俭的消费方式生活，在物资匮乏、收入较低的时期，上坪村村民的品牌消费以节俭为主。现阶段，很多村民的消费方式开始有了明显两栖化的特征，在不同的品牌消费领域表现出节俭主义与享乐主义两种不同的消费策略。一方面，在收入有限的情况下，拿出一部分钱或通过超前消费的方式满足部分品牌消费需求，抑制其他部分的需求；另一方面，在特殊的时间和空间上满足被调动起来的品牌消费欲望，在其他时间或空间上则抑制消费。在上坪村，这种两栖化的消费策略主要表现为：大件买品牌图舒服，小件讲节约好省钱；子女发展讲品牌，自己节约省开销；返乡消费讲品牌，城市消费随大流。

从品牌消费审美标准来看，村民从乡土审美式消费走向流行审美式消费。在全球化的浪潮下，上坪村村民的品牌消费行为，从传统的地方性审美开始走向大众流行审美。以麦当劳为例，老人、中年人、小孩对流行的西式快餐的态度截然不同，代表着乡土、混合及大众流行三种不同的消费审美标准。这种变迁又造就了一种混合的地方性时尚，村民的品牌消费审美标准既表现出大众时尚的审美，又在"社会-文化"这一反脱嵌力量的作用下，混合了地方性审美，形成了上坪村村民独具地方性的审美消费方式，如流行的品牌手机与地方特色棉鞋的混搭、进口品牌奶粉与西兰卡普铺盖的共存、时尚运动品牌服装与土家绣花鞋垫的搭配等。

从品牌购买方式来看，村民从乡村即需即购消费迈向城市品牌满足消费。按照当下所需购买，一直是传统乡村社会普通人家典型的生活状态。随着城乡一体化的发展，这种购买方式发生了转变，从需要型购买走向了想要型购买。

第四章
身份建构自觉中的乡村品牌消费分化与趋同

吉登斯认为,现代社会生活的特征是社会关系从特定场所的控制中解脱出来,并通过广阔的时空距离进行重新组合。时空重组加上抽离化机制,导致现代性所固有的制度特质变得极端化和全球化,也导致日常生活内容和本质的转型。① 品牌消费的多元化和全球化机制正是这种转型的重要部分,它在某种程度上重塑了乡村消费者的生活,助力其身份建构的日常实践。正如吉登斯和贝克曾指出的那样,在向现代性的过渡中,生活变成了"生活规划",人生变成了"DIY 人生"。他们认为,生活规划是以身份为基础的,既是可认知的也是情感性的。②

鲍曼在此基础上进一步提出,身份旧有含义既适用于人也适用于物。在现代社会中,二者都丧失了它们的固定性、边界性和连续性。③ 这导致了人们生存方式、思维方式和行为方式的碎片化与流动性,身份具有了流动性和自我建构性,身份自我确认和认同变得驳杂。对于具备现代性条件的土家族村民来说,身份似乎不再是局限于农村的较为固定的、尊卑有序的乡土身份,也不单单被概括为老板、工人等有差别的身份,而是更为流动的、以消

---

① 安东尼·吉登斯:《现代性与自我认同》,赵旭东、方文译,生活·读书·新知三联书店,1998,第2~3页。
② 马杰伟:《酒吧工厂:南中国城市文化研究》,江苏人民出版社,2006,第37页。
③ 齐格蒙特·鲍曼:《流动的现代性》,欧阳景根译,上海三联书店,2002,第130页。

费符号象征意义来凸显的身份。在消费主义的浪潮中，品牌消费成为村民身份建构的自觉实践，两栖村民、留守村民、贫困村民通过多元分化的品牌消费行为，表达对自我身份的认同与想象。"消费，就是身份转换的可能。"①在流动和自我建构的身份转换中，多元的消费共同体逐渐形成。

第一节 两栖村民的成功者身份建构与引领性品牌消费

所谓两栖村民，即往返于城市和乡村空间的流动村民，主要指外出务工村民，也包括外出的生意人、城市购房者等两头跑的村民。对于流动者返乡消费的研究，王宁和严霞从两栖消费的角度进行解释，认为农民工通过在城市和乡村场域的两栖消费策略，形成了在城里人与乡下人、消费者与生产者之间来回游走的两栖身份认同。②黎相宜和周敏通过对美国福州移民两栖消费的个案研究发现，移民更多地通过在祖籍地的炫耀性、互惠性消费以及代理消费来完成其消费的社会价值兑现并以此来实现社会地位的提升。③江立华和卢飞认为，农民工在城乡流动过程中形成的新的"城市工作-返乡消费"模式，是嵌入城乡社会结构、现代消费结构以及流动生命历程中的，这种嵌入性的消费行为成为农民工实现身份建构的工具性手段，也带来乡村社会分化和不良社会风气等潜在的社会风险。④可见，学者们普遍看到，乡村是两栖村民表达性消费的主要场域。在城乡二元社会结构背景下，多种因素导致农民在陌生的城市社会中地位低下，消费需求难以获得满足，社会地位表达受到限制，消费的社会价值兑现受到社会分层结构及"天花板效应"

---

① 马杰伟：《酒吧工厂：南中国城市文化研究》，江苏人民出版社，2006，第37页。
② 王宁、严霞：《两栖消费与两栖认同——对广州市J工业区服务业打工妹身体消费的质性研究》，《江苏社会科学》2011年第4期，第90~100页。
③ 黎相宜、周敏：《跨国空间下消费的社会价值兑现——基于美国福州移民两栖消费的个案研究》，《社会学研究》2014年第2期，第43~64页。
④ 江立华、卢飞：《农民工返乡消费与乡村社会关系再嵌入》，《学术研究》2015年第3期，第40~46页。

的限制。① 同时，不管走多远，两栖村民的"面子"和其对生命意义的追寻，又始终植根于乡土，可使其在原本的村落共同体中找到认同。因此，品牌的符号功能成为"衣锦还乡"的村民通过消费的差异化效应，构建成功者身份、挣脱地位表达桎梏的不二选择。

一 "准城市人"的炫耀性消费

凡勃伦在《有闲阶级论》中讲到，所谓炫耀性消费就是为财富和权力提供证明以获得并保持尊荣的消费活动。② 王宁将炫耀性消费的研究分为竞争主义范式和制度主义范式。竞争主义范式将炫耀性消费看作一种以追求社会地位为目的的竞争策略，制度主义范式则将其视为一种遵从基于生活水平而形成的习惯、习俗、惯例的行为。王宁认为，竞争主义范式与制度主义范式应该进行整合，制度约束与理性选择是交织在一起的。③

流动于城乡之间的两栖村民对于被城乡二元户籍制度安排和媒介文本建构出的边际性身份是不甘心的。但是，农民的城市品牌消费除受到收入的限制，还受到城市消费结构和市场的排斥，很难通过品牌消费实践活动获得城市社会的认同。因此，一方面，他们是城市的"边缘人"，一边受到城市的排斥，一边渴望通过消费领域的生活方式再造，成为更自由、更受尊重的"消费主体"。另一方面，他们是乡村的"准城市人"，并通过乡村炫耀性的品牌消费，强化其作为"准城市人"的生活经验，建构其作为"准城市人"的身份认同，满足其主体性的社会地位表达需求。

（一）大车新房——我在城里"没白混"

开车回家是近几年在外打工的村民返乡的一种新方式。每逢春节，村里的汽车明显增多。笔者在前文曾对上坪村第3组村民的汽车品牌消费情况进

---

① 黎相宜、周敏：《跨国空间下消费的社会价值兑现——基于美国福州移民两栖消费的个案研究》，《社会学研究》2014年第2期，第43~64页。
② 凡勃伦：《有闲阶级论》，蔡受百译，商务印书馆，1964，第31页。
③ 王宁：《炫耀性消费：竞争策略还是规范遵从》，《广东社会科学》2011年第4期，第196~209页。

行了统计，返乡村民在汽车品牌选择上，以国产品牌为主，合资品牌较少，车型以 SUV 和轿车为主，价格多在 10 万~15 万元。近五年，该村购车数量快速增加，从 2013 年的 4 辆增加到 2018 年的 23 辆，不同品牌的选择反映了车主身份地位和收入的差异。

TM 在城里当置业顾问，每年毛收入 10 万元左右，购买的是一辆广州本田轿车。

"我这个车 16（2016）年买的，办下来一起十一万（元）多点，当时也贷了款。在城里我这车算不了么子，但在乡下肯定算可以滴。乡里人对车的牌子认识不多，只晓得买没买车，车看起来大不大，是不是拓儿车（小型面包车的俗称）。开着车回家感觉肯定不一样啊，表示你在城里混得还可以，那别个就对你另眼相看哒。"

——TM，36 岁，房地产销售

TF 在城里做二手车生意的亲戚那里做销售，这几年二手车生意好，收入还不错，2018 年，他把之前一辆二手车换成了哈弗 H6。

"我原来就买的二手车，小的，年前准备结婚，就把小车卖了，换了个大的。大车看起来好看，大气。哈弗 H6 我是比较满意的，因为哈佛 H6 外观非常大气，家里父母和我媳妇都讲要买台空间大点的车，小车不耐看。"

——TF，26 岁，二手车销售

所谓大车就是指 SUV。SUV 外表看起来高大威猛、奢华气派，国产品牌性价比又相对比较高，符合返乡农民工对豪华外表的追求。在上坪村很多返乡村民看来，这样的车开起来"有面子"，可以与村里的面包车显示出区别。

"平时都在外面忙赚钱，过年回去，这样的车，比起搞农业用的面包车、农用车，开出去拜年都有面子些，别人会认为你在城里能干，有路子，会发财。莫说个人，亲戚都觉得脸上有光。"

——TF，26岁，二手车销售

两栖村民成为村里买车的生力军。他们在城里有了立足之地，具有一定的经济实力，消费开始追求对身份地位的显示。在城里赚了钱的村民开始纷纷提高建房和装修规格，品牌家具、家电以及和城市风格相似的住房布局，也成为他们从城市"衣锦还乡"的象征。

"我新房子全部是按照城里小区房子的格局修滴，三层楼，每层都有卫生间、客厅、卧室，以后我们几代人各住一层，互不干扰。家具和电器都是在来凤专卖店买滴，在城里混了这么多年，看也看会哒。你看啊，我房子修起哒，再把坝子坪起，好停车，再修个鱼池，搭个亭子，你说舒不舒服？在我这周围，那没得哪个有我这个舒服。你莫看这个房子，我儿子以后要找媳妇，都比别个屋里好找些。"

——ZZY，57岁，务工

以品牌作为区隔的大车和新房，是作为"准城市人"的进城农民工返乡之后，个人能力和家庭实力的证明符号、婚姻嫁娶必不可少的家庭资产、事业成功的装饰。

（二）好烟好酒——节庆中的"面子"展演

节庆是农民工集中返乡的高峰时期。生产和消费在城乡之间的空间分割，为农民工的策略性消费提供了可能，既能避免同乡人了解其城市生活状态，又能为其集中财力消费提供便利。春节是农村最重要的节庆，返乡农民工利用这一难得时机进行集中消费，中高档品牌的香烟、白酒、零食等商品，成为春节期间返乡者的"脸面"。

"一年到头在城里忙着找钱，都是为哒过年，年过得好不好，就晓得你在外面搞得怎么样，隔壁邻舍都看得到。每年过年都要花不少钱。

水果、零食、菜、朋友聚会，都是要钱。朋友见面哒，抽的烟都不差，抽25（元）一包的黄鹤楼、芙蓉王就算在城里混得普通，有点拿不出手，稍微要点面子就是珍品黄鹤楼软包、峡谷情，再好一点的就是中华。家里来了拜年的亲戚，也不可能像平时，喝打的苞谷酒，起码也要白云边、稻花香这一类的瓶装酒才行。像我们都是在城里谋生活，回来哒互相要往来，不招待别个在外面很难做人。"

——ZW，34岁，工厂务工

一到春节，返乡村民就会迸发出澎湃的品牌消费热情。在村民ZGY家，每逢春节，其在城里工作的儿女们便会陆陆续续开车回家，将车一字排开，停在ZGY家的院子里。堂屋边的一个小房间，变成了专门堆年货的房间。笔者看到，成箱的旺仔牛奶、可乐、苹果、橘子，各种盒装的饼干、零食，成堆的瓜子花生，儿女们从城里带回来的品牌白酒和红酒，都堆在这个大门口的小房间里。大人忙前忙后，儿孙满堂，嬉戏打闹，营造出了一幅令人羡慕的富裕村民返乡图。ZGY曾是村里的老支书，在集体经济时期，在村里有着极高的社会地位。现在，随着儿女在城市逐渐发达，老支书在村里又一次得到村民重视，成为说话有分量的人物。

买大车新房和好烟好酒，是两栖村民在"准城市人"身份建构中的炫耀性品牌消费实践。"在城里混得好"是村民们对"成功"的一种理解。大车新房和好烟好酒作为一种品牌符号消费，在相对落后的农村，具有示差和趋同的双重社会意义，即产生双重的阶层归属感：一方面是在与左邻右舍的品牌消费竞争中，获得了乡土社会的地位资源，显示了和普通村民的身份差别；另一方面是通过城市化的品牌消费行为，建构了"准城市人"的身份认同感。由此，返乡村民通过炫耀性品牌消费形成双重归属感，找到"成功"的感觉，品味流动成功者的滋味。

二　乡村成功者的示范性消费

所谓示范性消费，即其消费行为会产生示范作用，引发跟随者的模仿。

当然，炫耀性消费同样具有示范作用，能引发跟随者的模仿。因此，为了和炫耀性消费相区别，突出两栖村民乡村消费"意见领袖"的身份，笔者在这里将示范性消费界定为非主观炫耀引发跟随性消费的消费。罗杰斯认为，"意见领袖"有四种特质：一是与社会体系外的联系，二是易接近性，三是所处社会经济地位比追随者高，四是有跟随者所认定的较强的创新性。① 在上坪村，外出的生意人和城市购房者是村民们眼中的乡村消费"意见领袖"，他们符合罗杰斯所描述的"意见领袖"特质，在村民们品牌消费的追随中，这两类两栖村民也表达和建构着成功者的身份。

（一）外出的生意人——"他们买么子牌子都问我"

笔者前文曾提及，"这一方"的生意人是乡村品牌扩散网络中的重要"意见领袖"。村民们出于传统的乡土关系，对这些生意人有较多的信任。同时，村民们普遍认为，既然是生意人，肯定见多识广。所以，村民们在品牌消费上愿意做他们的跟随者，并参考他们的意见。

YL在江浙一带务工多年，现在自己在恩施市经营一家美容美发店。店面规模比较大，员工有20多人。YL店里的生意非常好，收入十分可观。因此，在上坪村的女性看来，YL是村里的时尚先锋，讲到她就羡慕不已。

"她是真的能干，年纪轻轻的，生意做得极好，要么子有么子。你看，开的车子几十万（元），手机都是买好的，新款一出来就买。每次回来，都打扮得行时（方言，时尚的意思）不过，根本看不出来是个农村人哒。"

——HXJ，54岁，小卖店店主

YL本人知道，村里人买东西都喜欢找她当参谋，尤其是女性。提到这一点，YL并没有表示出反感，反而非常乐意提供自己的意见。

---

① E.M.罗杰斯：《创新的扩散》（第五版），唐兴通等译，电子工业出版社，2016，第336~338页。

"我是做美容美发这一行的，对这些潮流时尚的东西比较了解。我们那方的人到恩施来逛街，买衣服、买化妆品都喜欢喊我陪她们，喜欢问我买过没得，哪个牌子好些，我在城里住得久，问我肯定放心些嘛。都是一起长大的姐妹，不存在说烦不烦的问题，小时候我们屋穷，上学时受欺负，好多人也帮助过我。有时候她们找不到地方啊，东西多啊，我有车子接哈送哈都没得么子。"

——YL，33 岁，美发店主

YL 对于村里人把她作为进城的成功者看待，内心是认同的。通过示范性的品牌消费，YL 从小时候的被欺负者成为进城的成功者，在传统乡村差序格局的基本框架中，获得了肯定和尊重。消费是消费者身份地位的体现，充裕的消费能力能够获得社会尊重。[①] 而这种肯定和尊重，让她找到了植根于乡土的生命意义，认同自己作为"村里飞出的金凤凰"的存在。

（二）城市购房者——"我这里是村里的样板房"

对于流动的两栖村民而言，城市代表奋斗与梦想，通过打拼能在城市买得起房，拥有自己的立足之地，是成功者的标志。目前，上坪村在城里购房的人并不多，ZGI 是其中一个。

ZGI 50 岁，在宣恩县城做水果生意。几年下来，水果生意做得不错，2014 年，他在宣恩县城买了一套 110 平方米的住房，算是村里最早在城里买房的人。ZGI 外出务工的经历颇为传奇。1993 年，他在亲戚的动员下，踏上了去往广州的打工之路，成为村里最早外出打工的人。由于肯吃苦，他在广州很快有了自己的店面，经营装修材料，并带动了村里一大批人去广州务工。直到现在，广州仍是村里外出务工者的主要选择地之一。但是，广州的生意红火一段时间之后，由于暴富后的迷失，他未能在广州站住脚，辗转去了浙江务工，务工中落下残疾后返乡，生活一直十分惨淡。迫于生活的压力，他和妻子又再次走向城市，开始做水果生意，从挑着担子走街串巷，到

---

① 厉以宁：《经济学的伦理问题》，生活·读书·新知三联书店，1995，第 148 页。

在城中心位置有了自己的水果店面,虽然道路十分艰辛,但最终他也成为村里最早在城里买房的人,成为村民眼中的成功者。

ZGI 几起几落的城市之路,让他几度成为村里的品牌消费示范者。谈起往日的辉煌,他依然显得颇为得意。

> "我在屋里是老幺,没出去前都住在哥哥屋里,没得房子住。我从广州回来,是最早在村里修新楼房的,我的装修材料和电器都是从广州买回来的,我还买的进口的三阳摩托车,那在当时,莫说乡下,就是你们城里,都没得好多人用。后面修房子的,那基本上都是学我。那时候好多年轻娃儿,只要坐起我的摩托转两圈,都觉得行时(方言,时尚的意思)啊。"
>
> ——ZGI,50 岁,水果店主

而现在,ZGI 又成了村里人眼中的"富人",成为买得起"牌子货"的人。由于在城里买了房,村里人上宣恩都喜欢去一下他那里,参观一下他的新屋。

> "我这里就是上坪驻宣恩办事处,他们上来了,都喜欢在我屋落个脚,打个转身。我跟你说,我现在老了,吃啊穿啊我都不讲究,住的地方要搞舒服,装修都买的牌子货,他们在我这里来看了,回去好多人又都照到我这个样子起的屋,问我买的么子牌子的材料,我这里跟那个卖房的样板房差不多,哈哈!"
>
> ——ZGI,50 岁,水果店主

ZGI 的城市之路是艰难的,也是执着的。品牌消费成为他表达成功者身份的重要方式,消费引领者的身份也让出身贫困的他几次成为村里的风云人物。在村民的追随和羡慕中,他认同了自己进城的成功,并以成功者的身份与村民保持沟通和互动。

在熟人社会中,要在短期内改变人们的态度、重构自己的社会地位与身份是不容易的。① 总的说来，两栖村民的引领性品牌消费实践之所以形成，既受到宏观社会结构的影响，也受到微观行动策略的影响。流动于城乡之间的两栖村民，通过引领性的品牌消费实践，改变了传统差序格局的刚性结构，在传统格局中加入了消费认同这一维度，使之变得有弹性。两栖村民通过消费满足其地位表达和身份重构的需求。

第二节 留守村民的多元身份自居与跟随性品牌消费

作为社会群体，村庄留守者内部也是多元而异质的，劳动力流动对他们的生产、生活和生命流程有着截然不同的影响。在转型变迁的乡村社会，不论是留守老人、留守儿童还是留守妇女，都有着自己身份转换的想象和期待，当村庄共同体从稳定走向流动，他们接触到了新的人生参考时，就开始思考自我转型的可能性。在社会发展的宏大叙述中，大量留守群体的存在，是中国经济高速增长背后付出的巨大社会代价，而在留守村民微观的生活世界中，无法避免的留守生命历程也伴随解脱和追寻的现代想象。品牌消费为他们的自我身份想象和建构提供了自主个性诠释的空间，并生产出新的集体身份意识。

一 留守青少年的"城镇人"想象与跟风追逐消费

在上坪村，父母至少有一方外出务工的青少年较多。据洗白溪村委会统计，村里有留守儿童136人（因村委会统计的留守儿童只包括义务教育阶段的，且部分初中、高中生在镇上或县城住校，实际人数应大于村委会统计的人数）。宏观社会结构以时空分离以及抽离化机制实现自身在时空范围内的拓展，形成了留守儿童广延的主观体验空间。② 留在村里的青少年，往往

---

① 甘满堂、邓莲君：《夸富背后的身份重构与社区互惠——对侨乡炫耀性经济行为的功能主义解读》，《福州大学学报》（哲学社会科学版）2012年第5期，第51~57页。
② 张明皓：《留守儿童的日常焦虑与自我认同——基于结构二重性视角的考察》，《北京社会科学》2017年第3期，第75~83页。

憧憬着现代社会或城市生活，期待和渴望获得"城镇身份"。由于父母外出务工，上坪村大部分青少年有着去父母务工地短时间生活的经历，这种生命体验，让他们对城乡关系有着独特的理解，"进入城市"成为他们大多数人的理想。

"我以后要到城里去打工，城里人多，好玩些，不像乡里，没得么子玩的，没意思，再说，城里也赚得到钱些。"

——ZGP，15岁，初中学生

"我爸妈一直在广州打工，很少回来，我放假去玩过几次，我读书不行，以后肯定也是要城里打工去，我二回（方言，下次的意思）肯定要住到城里，不得回乡下。"

——ZJH，14岁，初中学生

另外，父母在城市务工多年，也让留守在家的孩子具有了获得"城镇身份"的补偿心理。

"我爸妈进城打工好多年了，在工地上。我觉得他们也是为城市做贡献的人，搞了这么多年，我以后要是去打工，也可以算是城里人了。"

——YBY，16岁，初中学生

在理想驱动及心理暗示之下，乡村青少年将"进城"合理化。虽然居住在农村，但大多数青少年却以"城镇人"作为身份认同，品牌符号的消费帮助他们进行期望角色的扮演。

（一）追潮消费——我是小镇"个性少年"

"潮"是城市消费文化的表征，也是前卫个性的代表。和城市青少年一样，追潮消费成为留守青少年张扬个性的重要方式之一。

在上坪村进行田野调查时，笔者常常遇到留着时尚发型，戴着耳机，身着牛仔裤、运动鞋等时尚服装的青少年，他们大多十几岁，看起来与普通城市青少年别无二致。这些青少年往往以自己的方式，向往和追赶着城市的时尚潮流。阿迪达斯、耐克等潮流的品牌为他们打造身份提供了某种自治权意义，是城镇时尚的象征。

ZQZ在镇上读初中，父母都在外务工，每年过年才会回家。从外形和穿着上看，ZQZ与城市的普通初中生打扮相仿，休闲T恤、运动鞋、双肩背包是其日常的穿着方式。

"我喜欢打篮球，所以我爸妈有时候也会给我买好一点的篮球鞋。去年过生（日）的时候，我妈给我买了一双耐克的鞋，感觉比我平常穿的这些普通牌子还是有个性些，打球的时候同学都说我那双鞋帅。"

——ZQZ，14岁，初中生

同样，在镇上上初中的YBY也向笔者讲了同学赶时髦的品牌消费现象。

"我们班有些喜欢打篮球的男生，觉得阿迪（阿迪达斯）、耐克就是时尚，攒钱也要买几百（元）甚至一千多（元）的球鞋。虽然这些名牌穿起是显得时髦有个性些，但是还是要看个人屋里的情况。像我们好多妈老汉儿都是打工滴，没必要赶那个时髦。"

——YBY，16岁，初中生

虽然不是每个人都能消费得起如阿迪达斯、耐克一类的品牌，但村里的青少年或多或少的认为，这类全球化的品牌象征着时尚与个性。同时，由于受家庭收入、传统观念等多重因素的制约，他们中的大部分人会在经济条件和消费观念都能接受的范围内，通过自己可以消费得起的品牌，努力向"城镇人"靠拢。刚去宣恩县城上高中的ZQ便是这样认为的。

"买东西还是根据自己的能力，我觉得安踏、以纯这些牌子搭配好了也很时尚，你看电视里有些明星的娃儿还不是都穿安踏滴。我有好多城里的同学也不会光讲名牌，有时候我们还会一起到小店子里去淘衣服。"

——ZQ，17岁，高中生

潮流品牌塑造了个性时尚的身体，和其他的留守群体相比，留守青少年自小受到流动父母的影响，能接触到城市化的品牌消费世界。流动的父母、伙伴以及媒体中城市化、潮流化的品牌消费，与留守青少年的乡土身体紧密接触，给他们提供了新的生活参考，帮助他们完成身份向上流动的想象，触发其强烈的身体和社会身份变动的欲望。

（二）享乐消费——我不是"乡里娃儿"

"享乐消费"中的"享"即"享受"，享乐的定义为个体以获取物质上或精神上的满足为快乐。享乐的思想由来已久，在近代资本主义文明的发展进程中，弥漫着强调个人欲望实现与满足的享乐主义思想。鲍德里亚把消费社会的经济理解为"享乐经济"，在他看来，不仅在人们日常生活的表层笼罩着浓厚的享乐主义氛围，人与人之间的关系也表现为"消费者"与"商品"之间的密切关联。①

20世纪以来，在消费主义的语境中，城市青少年出现了越来越多的享乐消费形式，青少年的消费生活充斥着"追潮牌""追明星""追综艺""追游戏"等消费活动，消费体验各不相同。享乐于是和城乡身份联系了起来，成为区别城市和乡村身份的标志。

随着享乐主义的蔓延，在相对较为落后的农村地区，青少年出现了城市消费中的享乐主义倾向。在上坪村，很少见到青少年承担家庭中的农业生产劳动和家务劳动，学习成为他们的主要任务。大部分青少年认为，品牌消费可以满足个体物质或精神需求，是享受生活的一种方式，代表着更有品质的生活。

在村里，上初中和高中的孩子很多都有智能手机，甚至不少小学生也有

---

① 让·鲍德里亚：《消费社会》，刘成富、全志钢译，南京大学出版社，2014，第6~7页。

自己的手机。笔者发现，他们的手机以 OPPO、vivo、华为、小米等国产品牌为主，和城里的普通青少年一样。用手机追剧、玩游戏、刷抖音、交友是他们学习之余替代劳动生产的主要娱乐方式。由于农业生产的凋零，村里的孩子不需要再帮助家里干农活，放牛、打猪草、插秧等大人们的童年记忆，已经不属于现在的孩子。村里放学或放假回家的孩子，一般都宅在家里，不怎么和外人交流，有的孩子甚至一言不发地盯着手机，很少主动与人打招呼。

ZHK 刚满 13 岁，在镇上中学读初一。ZHK 的爷爷 WZB 告诉笔者，小学五年级的时候，他父母就给他买了一部 vivo 的智能手机。

> "他一放学就是玩手机、打游戏、看电视。我们老年人也管不到他，他想那个手机想哒好久哒，原来只要妈老汉儿打工回来，就要把手机拿过来玩。现在的这些娃儿，又不比以前，还要帮屋里搞农业，现在乡里的娃儿都不会搞农业，除哒搞学习，就是玩手机。"
>
> ——WZB，52 岁，务农

在笔者与爷爷交谈的时候，ZHK 一直坐在堂屋里低头玩手机游戏。经笔者询问后，他告诉笔者，他正在玩 QQ 飞车，周围的同学也有很多喜欢玩这款游戏的，像王者荣耀、QQ 飞车、绝地求生、英雄联盟等网络游戏，在同学中都比较流行。

手机为农村青少年提供了娱乐消费的快感和满足感，成为现实世界里的"潘多拉魔盒"。乡村原有的娱乐方式正在消失，手机娱乐带来的巨大刺激和快感，让孩子们对手机的消费不再是简单的通话需求，手机的品牌、功能、使用方式都进一步向"享乐主义"靠近，个体消费欲望大大膨胀。

沙道沟镇民族中学的老师 ZBG 告诉笔者，学生现在手机成瘾的现象比较严重。

> "我们学校管得还算严，是住校，平时都不许用手机。但我晓得，好多娃儿都买滴有手机，背到老师打游戏。我们这里好多娃儿父母都在

外头打工,没得人管,管也管不听。去年有个初二的男娃儿,假期在屋没得事,迷上直播,非要父母给他手机充值,不充就不吃饭。"

——ZBG,33 岁,初中教师

村民 TML 的女儿上初中以后,频繁要求 TML 给她买手机。TML 的女儿在沙道中学上初三,由于女儿频繁的要求换新款手机,TML 与女儿之间的冲突十分严重。据 TML 说,为了买手机,女儿站在手机店门口死活不肯走,母女俩冷战了好久,最终以母亲的屈服告终,给女儿买了一部能上网拍照的 OPPO 手机。

追随着城市品牌消费的享乐主义,留守在农村的孩子不再有农业社会的生产与娱乐活动,不再认为自己应遵循传统农村孩子的成长和生活方式。乡村的新一代普遍呈现更随性、享乐的消费特征,品牌消费成为他们快乐的重要来源,这种享乐和满足感,满足了他们对"城镇人"的身份想象和生活想象。

二 留守妇女作为"尽职母亲"的焦虑性适度消费

留守妇女作为我国社会发展过程中出现的一类特殊的人群,指的是年龄在 18~55 岁,丈夫长期离家进城务工、经商或者从事其他生产经营活动的农村已婚女性。① 第六次全国人口普查结果显示,中国流动人口规模大约为 2.1 亿人,与之相应的留守妇女据估计已经达到 5000 万人。未瓦解的城乡二元制度、异地城市高昂的生活成本以及家庭固有困难等各种原因导致家庭人员城乡流动的同步,从而导致留守妇女群体的出现。②

在上坪村,女性外出务工已是常态,村里的未婚女性几乎全部外出,已婚妇女留下,主要是因为哺育子女和照料老人等家庭再生产工作无人能够替

---

① 吴惠芳、叶敬忠:《丈夫外出务工对农村留守妇女的心理影响分析》,《浙江大学学报》(人文社会科学版)2010 年第 3 期,第 138~147 页。
② 范丽娟、程一:《留守女:现代农村社区的一个新群体》,《合肥学院学报》(社会科学版)2005 年第 2 期,第 9~13 页。

代。除了这部分妇女，村干部表示，"能去打工的都出去了"。因此，寻访留守妇女并不容易。按照村委会的统计，该村留守妇女仅有15人。笔者在长期与该村村民的交往中了解到，一些生育和哺乳期的妇女大都经历过1~2年的短暂留守时间，专注于照料幼儿和身体休养。还有一些妇女被村委会统计在外出人口中，但实际上，她们只是在离家不远的镇上或者县城陪读，丈夫则去了更远的城市务工。这些妇女大多一边陪读，一边从事一些非农的生计活动，少部分还兼顾家中的部分农业生产，但大部分已弃耕。因此，本书中所指的留守妇女也包括陪读的妇女。

对于村里为数不多的留守妇女，"母职"是她们最重要的性别角色。即便是短暂的留守经历，也与"母职"相关。在中国社会市场化转型的过程中，抚育伦理被市场持续性地建构，市场力量裹挟着专家话语对抚育方式进行了全方位的指点，不断给抚育者施加压力。市场化的逻辑渗透于母亲履职和实现自我的各个环节，消费主义使得"母职"商品化，增加了抚育的经济和精神压力。①

孩子抚育模式被赋予了阶层属性，从功能性哺育走向符号性哺育。对于城市母亲而言，抚养孩子成为需要学习的技能或是需要购买的服务，以实现"尽职母亲"的角色认同。和城市母亲一样，被市场持续建构的抚育方式也成为乡村留守母亲们建构成长标准和践行抚育责任的重要参照。在"尽职母亲"的角色想象中，留守母亲的品牌消费呈现加焦虑与适度的交叠。

（一）母亲的焦虑——从"自由自在"到"束手束脚"

当下乡村的留守妇女与上一代的留守妇女有着截然不同的生命历程，她们大多数曾在婚前外出务工，有过在城市务工的"自由"时光。从城市退回到农村，留守妇女不再外出打工挣钱，但需独自承担抚养孩子的重担。为了能够以市场提供的抚育模式养育孩子，留守的母亲不得不在育儿中采用全面利他的品牌消费策略，以更好地扮演尽职母亲这一角色，伴随这一消费策

---

① 施芸卿：《当妈为何越来越难——社会变迁视角下的"母亲"》，《文化纵横》2018年第5期，第102~109页。

略的是留守母亲从"自由自在"到"束手束脚"的焦虑。

村民 XZX 未婚时，曾在一家影楼打工，做化妆助理。她回忆起刚生小孩时留守在家的经历，对无法外出务工十分感叹。

> "娃儿小的时候没得法嘛，在屋差不多有三年，她一上幼儿园我就出来了。她爸爸虽说是找钱，但是一个人找钱一屋人用，肯定不像我一个人的时候那么自在。你看，娃儿吃奶粉、用尿片，洗的、用的，你不敢买差的嘛，至少是正规的牌子才行。我个人就基本上没买过新衣服，不像原来当姑娘的时候，一个月的钱想哪门用就哪门用。"
>
> ——XZX，34 岁，保险销售

在品牌消费上，孩子成为家庭消费的重心，年轻的留守母亲在原有家庭预算安排之下，优先考虑孩子的需要而尽量去改变自己原有的消费方式。和 XZX 一样，留守在家的母亲会用"不自由""随便买一些"来概括自己的品牌消费，"吃的、穿的、用的都要好点"则是对待孩子的消费标准。

> "那肯定有变化的。娃儿生了之后，基本上都用在她身上了。大人能不买的就不买，够穿的就可以，现在都是首先考虑给孩子买。那影响就是没得以前那么自由了，很少买新衣服，像护肤品之类的现在都是随便买的，有时候就是用娃儿用了剩下的。我前几天感冒哒，在屋里看到有娃儿没吃完的感冒药，怕放过期了，就个人全部喝了。那要是娃儿病哒，往恩施跑都跑不赢。"
>
> ——ZSL，37 岁，家庭主妇

生养抚育原是母亲的自然状态，当妈这件曾被认为是"本能"的事，现在却变成一件极度复杂、专业且消耗心力的事情。对于受教育程度不高、资源较少的农村留守母亲而言，这让她们感到迷茫与杂乱，时时面临内心的冲突和挣扎。她们在消费中悄悄地让位于孩子，束缚自己的消费欲望，以便让自己能和城市的母亲一样尽责。束缚性的品牌消费让留守母亲产生了焦虑，但也让她们在成为尽职母亲的迷茫中找到了方向，建构了她们对自己"尽职母亲"这一性别身份的认同。

（二）适度的满足——"不能白活一场"

扮演好"尽职母亲"角色虽然束缚了留守母亲的消费，但社会个体化的进程也让曾经外出流动的她们普遍接受了"为自己而活"的理念。在尽职母亲的身份制约下，她们在品牌消费中将这一理念改写为"不能白活一场"。新一代的乡村留守女性，希望能在做好母亲的前提下，适度满足自己的消费欲望，找到自己存在的意义和价值。

在镇上陪孩子读书的 ZXM 就是这类女性的代表。她丈夫在恩施务工，虽离得不远，但回家的次数也非常少。她自己在镇上做了点小生意，在满足孩子消费的同时，自己也能适当的消费，想把日子过得舒服一点。

"我不喜欢留守妇女这个喊法，一说就好像好穷好可怜样滴。我老公出门打工，我在镇上也搞点小生意，不说赚好多钱，但生活还是可以。现在年轻人都只生一两个娃儿，日子不比以往那么苦了。你看，我卖的这个化妆品，好多恩施和宣恩的人都还在网上找我买，平时日常生活用的这些日用品，镇上超市和城里都是一样的，我觉得现在日子还是好过。"

——ZXM，34 岁，个体户

ZXM 喜欢和朋友聚会、看网剧、追热门综艺，对各种娱乐明星、时尚八卦非常熟悉。对于品牌消费，ZXM 也有自己的看法。

"现在成家了，娃儿肯定是大头，给她买么子肯定是要买好的。但是，我们这辈人和我妈那一辈人又不一样，只要条件允许，个人也还是想要过得舒服点，不说要好奢侈，但有牌子的肯定用起要舒服些。"

——ZXM，34 岁，个体户

类似 ZXM 这样在家庭消费与自我消费之间能较好平衡的留守女性，大多会从事一份非农工作，如幼儿园保育员、镇上超市打工等，她们通过协调和动员各种资源，参与家庭外的多元生计活动，打破父权制所赋予和固化的角色，将家庭经济收益最大化。而这一举措，也让乡村女性在性别排斥和不平等的留守生活中，找到了更适应现代消费语境的生活方式。

ZY 的丈夫在广州务工，她在村里幼儿园食堂做饭，每月有 1500 元的工资。在 ZY 看来，但凡年轻一些的女性，不管城市还是农村，买东西都会考虑品牌。

"买牌子货也不是说爱面子，你看，现在只要年轻点的女的，哪个不用个洗面奶、洗发精，不擦个香香，一般都会到超市去买正规的牌子货，也不是好贵，都买得起。至于说买好买坏，那就看个人的实力嘛。现在日子不比以往，人嘛，哪个不想过点舒服日子，一辈子就那么几十年，不能白活一场嘛。"

——ZY，39 岁，家庭主妇

大部分留守女性并非如媒体报道或者城市人想象的那样，处于极度贫困或极度弱势的困境中，在看似被动的处境中，她们也有现代女性对舒适生活的向往和追求。她们兼顾着家庭和自我，一方面通过品牌消费，为传统家庭中母亲的角色赋予新的内容，成为尽职的母亲，另一方面也在品牌消费中重新发现自我，重塑现代化的新乡村女性气质。

三 留守老人"新长辈"自居的节俭式去品牌消费

留守老人这个词刚被提出时，主要指的是那些生活在城市，被出国子女留下来的老人。但这之后，因为农民工的大量迁移，留守老人开始特指那些生活在农村，被外出子女"留"下来"守"着老家的老人。本书中所指的留守老人，是成年子女外出务工后留下来的长辈。但这些长辈的年龄有可能并未达到传统上给老人定义的 60 岁或者 65 岁及以上的标准。由于农村人成家早，很多成年子女外出务工、在家照顾第三代的长辈，年龄只有50岁左右，有些女性甚至只有40多岁。在这些长辈中，男性大部分曾是第一代外出务工的农民工，女性则大多有过长时间留守在家的经历。因此，本书所指的留守老人，只是在代际上对长辈和晚辈的概念进行区分，没有特定的年龄限制。

阎云翔和杨雯琦指出，由于中国社会中的个体在脱离家庭和集体后难以再找到有归属感的群体，回归家庭的趋势逐渐显现。阎云翔和杨雯琦提出新家庭主义的概念，用以描绘如今中国个体与家庭的复杂关系，在新家庭主义模式中，"孝而不顺"成为21世纪大多数村民所接受的对孝顺的新理解。阎云翔和杨雯琦进一步解释，自20世纪90年代以来，大多数老人接受了子女可以违背父母要求的现实，并且认为生活的意义不再是光宗耀祖，而是让子女过上幸福的生活。老年人希望与年轻一代建立牢固的情感纽带。对于老年父母和成年子女来说，他们辛苦工作的最终目标和意义在于第三代的幸福和成功，关心、爱护和家庭资源都向下流动，为代际亲密关系铺平了道路，同时导致了下行式家庭主义。[①]

在上坪村，阎云翔和杨雯琦在新家庭主义中所描绘的新长辈以及新的代际亲密关系，正在逐步形成。在上坪村很多家庭中，留守在家的长辈不再要求晚辈无条件的尊重和顺从，也不再一味要求子女为自己提供经济支持。在经济条件允许的情况下，老人会为子女或者第三代的发展提供尽可能多的帮助，以与子女建立更融洽、紧密的代际关系。因此，更多留守老人通过利他性的节俭式去品牌消费行为，获得代际的团结，并形成对新父辈身份的认同。

村里大部分还有劳动能力的老人都表示，现在子女压力大，尽量不给他们添负担。在消费上老人们都以节约为主，不会刻意讲究品牌。

"我们现在还做得起，不要他们管我们，他们只要顾到个人就行

---

① 阎云翔、杨雯琦：《社会自我主义：中国式亲密关系——中国北方农村的代际亲密关系与下行式家庭主义》，《探索与争鸣》2017第7期，第4~15页。

哒。儿子媳妇前几年给他妈买了社保，现在一个月有千把块钱工资拿，他妈上鞋子，一个月还可以搞几百块，我搞点农业，屋里养猪，吃菜也不要买，你说要他们管么子？你说牌子，我们老年人，没得么子消费，只买大的电器那些看哈牌子，其他的都不讲究。"

——ZGZ，60 岁，务农

在村里，儿子成年后要结婚，长辈一般需要修新房子，如果家里没有新修的房子，则很难找到愿意嫁过来的年轻女性。有些外出务工的儿子会定期给父母一些钱，长辈帮他们存起来，用于修建新房。也有很多在外务工的"月光族"，基本没有多余的钱给父母建房，但到了适婚年龄，也需要建新房娶媳妇。不论哪种情况，长辈都需要或多或少的投入资金和精力，修建新房给儿子娶媳妇。建房娶媳妇是大事，长辈们在建房时，会采取利他性的品牌消费策略，尽自己最大的努力，为儿子建一个理想的新居。

"我说起这个事有点好笑。我第一次带我媳妇回去，那时候还没有结婚。我媳妇家是沙道街上的，我妈和我老汉儿听到说我要带媳妇回去，连忙到镇上去买了一台空调，挂到客房里面，怕她热到哒。我记的买的是奥克斯的，后来我们走了，两个老的找不到哪门用，夏天开成制热哒，越睡越热，问我是哪门回事，把我笑着哒。"

——ZJP，38 岁，务工

在外务工的 ZW 朋友特别多，每年过年朋友们都会到家里来团年。ZW 的父母会帮他准备烟、酒、菜、各种零食，每人走时还要带一块自家杀猪后炕好的腊肉。在上坪村连续三年的春节调研中笔者发现，ZW 家每年都有这样的聚会。聚会买的酒，一般是白云边或者稻花香，烟则是芙蓉王，而平时，ZW 的父亲则主要是在村里酒坊打散装苞谷酒，抽叶子烟。

"在外面，多个朋友多条路，娃儿们在外面也要为人，我们老的要帮他为人嘛。他这几年在外面不大顺，我们不帮他撑面子，他也难啊。"

——ZGM，67岁，务农

同时，下行式家庭主义也让第三代成为老人们特别关注和爱护的对象，对待自己的孙辈，老人们的品牌消费则更凸显利他性的特征。

WAA自己开了一个小型养猪场，养了二十几头猪。儿子媳妇都外出打工，自己和老伴在家带小孙子。孙子5岁，上幼儿园大班，由于孙子喜欢玩手机，WAA专门给孙子在镇上买了一部朵唯品牌的新手机。

"小娃儿就是拿起玩，没买么子好的，只当买了个玩具。他最喜欢就是我，他要买么子，找别个不行，他就来找我。他给他妈老汉儿说，爷爷有钱，哈哈！"

——WAA，52岁，养殖业

可以发现，在农村，父辈为了家庭的团结和代际的亲密，往往以不需要晚辈讲孝道的"新长辈"的身份自居。为了成为新长辈，他们往往一方面尽量节省开支，在消费中去品牌化，另一方面又在为子女提供物质支持的过程中，尽量将消费品牌化。这让农村的家庭有了新的团结机制，个体回归到家庭与家庭共同抵御风险，共同谋发展。

第三节 贫困村民本色认命者的品牌抗拒性消费

得益于国家的精准扶贫政策，上坪村已于2016年底实现了整村脱贫，摘掉了贫困村的"帽子"，但长期以来贫困的结构性影响依然是存在的。

贫困的最初定义来自英国经济学家朗特里，他给贫困下的定义是，总收入水平不足以获得仅仅维持身体正常功能所需的最低生活必需品，包括食品、房租和其他项目等。随着对贫困概念认识的深入，贫困定义的视角增多，且主要有四类：经济视角下的"匮乏说"、发展视角下的"能力说"、社会视角下的"剥夺说"和阶层视角下的"地位说"。① 综合来讲,贫困包含物质匮乏、能力缺失、社会排斥和社会地位四个不同维度的理解。

随着消费活动在认同过程中所发挥的作用越来越大,品牌消费成为人们彰显身份、地位与个性并建构认同的主要方式之一,消费主义意识形态的蔓延,正在按照其固有的方式,全面重构现代社会。在消费社会,贫困者是被边缘化的,贫困的限制让他们无法按照消费主义社会所规定的方式去建构认同。如果说在其他社会形态,社会的穷人是那些无法达到正常生活标准的人,那么在消费社会,不同的是,"首先且最重要的乃是有缺陷、不完美且不充足的——换言之,就是不合时宜的——消费者"。② "他们不是消费社会的一员,不得不受到压制、管束、权威和法规的联合训诫。"③ 面对消费社会的品牌消费,他们虽渴望但却无奈,在消费主义的滚滚浪潮中,他们只能压制自己的欲望,在认命中寻求慰藉。

一 小农生产坚守与村民本色需求消费

从经济视角来看,贫困户是收入匮乏者。根据笔者在上坪村入户调查的数据来看,电视、洗衣机、冰箱"三大件"家电使用超过十年以上家庭比例分别为26%、14%、5%,仍有相当比例的家庭没有购买热水器、电饭煲、空调等现代家庭常用的家电。可见,贫困导致的物质匮乏在上坪村并不罕见。

在上坪村,贫困村民大都没有农业生产以外的收入来源,小农生产依然是他们主要的生产方式,生产和收入都是小农式的。由于收入来源单一,贫困户多为无人或少有人外出务工、劳动力缺乏的家庭。贫困的发生往往不是突然的,由于长期的低收入,贫困户的日常生活开支通常处于比较低的水平,消费也主要停留在传统农村基本衣食和人情的本色消费上。以上坪村第

---

① "城乡困难家庭社会政策支持系统建设"课题组、韩克庆、唐钧:《贫困概念的界定及评估的思路》,《江苏社会科学》2018年第2期,第24~30页。
② 齐格蒙特·鲍曼:《工作、消费、新穷人》,仇子明、李兰译,吉林出版集团有限责任公司,2010,第13页。
③ 齐格蒙·鲍曼:《立法者与阐释者——论现代性、后现代性与知识分子》,洪涛译,上海人民出版社,2000,第240页。

3组的10户贫困户为例，他们的年人均可支配收入均不超过4000元，每月开支则基本在千元以内，人情在每月开支中占到了相当大的比重。

正是因为消费社会的穷人和消费再生产无关，所以，社会系统唯恐他们在场会使参与消费者自我构建的商品和实践贬值，因此，新穷人的生活被降低到一种维持生计的水平。[①] 在贫困户的日常生活开支中，食品开支甚至被压缩到最低，大部分的蔬菜、肉、蛋、米、油都是自己家生产的。

在上坪村，只要有人留守的人户，大部分家中都还保留有农田。以村民ZGU家为例，他家有水田、菜田、白柚树、橘子树、李子树、桃子树，每年会喂2~3头猪和一些鸡、鸭。因此，ZGU家大部分的食物如米、菜、肉等不需要到市场上进行购买，只需要买些调料、菜油等即可，商品性的食品只是作为补充，而不作为主要的食物来源。

贫困村民几乎很少买零食和水果。由于ZGU家有李子、橘子、柚子、桃子树，所以这四种水果是他家平时主要的水果。两个孙子几乎没有买过零食，如果偶尔有客人来带些零食，两个孩子则会十分高兴。老人没有吃零食的习惯，只会在过年的时候购买一些瓜子、花生、糖果，按照老人的说法："老都老了，饭吃饱就行了！"

部分贫困户月开支统计见表4-1。

表4-1 贫困户月开支统计

单位：元

	年人均可支配收入	食品饮料	日用品	服装	通信	交通	休闲娱乐	人情	月开支总计
户1	1500	50以内	20~50	0	10~20	20以内	0	100~200	300~400
户2	2000	50~100	50~70	0	20~50	50~70	0	300~400	500~600
户3	3000	200~300	70~100	50	50~70	70~100	20~50	300~400	600~700
户4	2500	200	70~100	0	50~70	20以内	0	200~300	500~600
户5	2000	100~200	50~70	0	20~50	50~70	20~50	200~300	600~700

---

① 齐格蒙特·鲍曼：《工作、消费、新穷人》，仇子明、李兰译，吉林出版集团有限责任公司，2010，第16~17页。

与低收入者谈及品牌时,他们往往会表示,自己买不起也不是讲牌子的人。

"牌子货好是好,么子都讲牌子,哪来那么多钱,我们一个种田的,不讲么子牌子。"

——ZGL,63 岁,务农

"人穷都是命,好东西多得很,你只有这个命,买得起么子用么子,我们这些人,讲不起那个好。"

——HZY,65 岁,家庭主妇

在低收入者的表达中可以发现,他们常常很自然地将自己和品牌消费划分开来,认为贫穷是自己的宿命。大多贫困户表示,他们平时很少买什么东西,开支主要是吃饭和人情。因为长期贫困,他们对品牌消费几乎没有什么欲望和热情。

"我一年到头的开支就是吃饭、人情、买点日用品,其他的很少买,讲牌子要有经济实力,要麻脑壳(方言,钱的意思)。"

——ZMY,65 岁,家庭主妇

"我到城里不去逛商场,没什么好逛的,里面的东西太贵了,我们买不起。"

——CJP,53 岁,务工

"讲牌子的人都是爱面子,他们讲他们的,我也不爱(羡慕的意思)。"

——ZZJ,39 岁,半工半农

在贫困者的认知中,品牌消费的世界仿佛是别人的世界,自己并不属于那个世界，因此，他们不太会有更多的关注。笔者在对贫困户 ZGA 家消费的持续观察中发现，ZGA 和妻子一年几乎没有为自己置办过衣物。每年过年，ZGA 在城里生活的亲戚会将一些旧衣物带来，ZGA 妻子的"新衣"大部分来源于此。没有特别的事情，他们不会去赶场、逛街，也不会随意进城。ZGA 告诉笔者，自己近几年来都只因为吃酒去过几次宣恩和恩施，妻子几乎完全没有去过城里，连沙道沟镇上都极少去。

在笔者访谈的过程中，贫困者与非贫困者对于品牌消费话题的热情有着巨大的差异。一些外出务工者对品牌及其相关的话题侃侃而谈，通常会聊上大半天，但贫困村民对这一话题则常常是无话可说，或者寥寥数语，不怎么爱谈论。

由于长期的贫困，贫困村民对消费一直保持着极低的欲望，他们既没有钱存也没有钱花，一直过着"苦行者社会"的生活。贫困者大多没有城乡流动的经历，没有复杂的社会交往，长期压抑的消费欲望和相对较低的物质生活水平，让他们承认了自己品牌消费局外人的身份，主动远离了喧嚣的品牌消费世界，抗拒着消费主义的巨大诱惑，坚守在小农式的生产与本色需求消费中。

二 认命与抗拒中的品牌渴望与尝试消费

所谓认命，既是对命运的低头，也包含了对渴望的无奈。贫困村民在面对品牌消费无奈的认命和苦行者一般的抗拒中，也有对于品牌的渴望。他们并不认为品牌商品本身不好，而是自己消费不起。市场对他们也有诱惑力，尽管他们缺乏被诱惑的能力。消费社会的穷人并不想消除市场的诱惑，他们希望加入其中。正如鲍曼所言："富人不是敌人，是榜样。不是憎恨的对象，是偶像。"[①]因此，在贫困村民的生活中，也有对品牌尝试性的消费。

---

① 齐格蒙特·鲍曼:《工作、消费、新穷人》，仇子明、李兰译，吉林出版集团有限责任公司，第 17 页。

以毒奶粉事件为例，三聚氰胺事件发生以后，很多城市的年轻父母只相信进口婴儿奶粉品牌，并通过各种方式进行购买。各大母婴论坛海淘奶粉的经验交流贴比比皆是，一些年轻的父母想尽各种办法，找到海外人脉资源进行奶粉代购，形成了轰轰烈烈的海淘奶粉大行动。但是，在笔者对上坪村低收入家庭的观察中，几乎没有发现这样的现象。当笔者与他们聊起奶粉安全问题时，大部分家长表示，只要是在超市购买的奶粉应该就是安全的。

"奶粉就是在沙道沟超市买的。网上我不敢买，网上买的怕是假的。你说的三鹿那个事情，我晓得。现在国家管得严，我觉得国产奶粉也应该没得问题。不过你说从国外买奶粉，我们想都没想过，难得费那个事。"

——LD，33岁，家庭妇女

"毒奶粉那么大的事情，肯定怕嘛。那格外有么子办法哟，就是说不买三鹿的，娃儿要吃你还不是要买其他的。"

——XZX，34岁，家庭妇女

贫困村民无一例外没有参与到互联网的海外奶粉购买热潮中，由于收入和发展能力的相对匮乏，他们无力完成海外品牌奶粉的购买。因此，他们选择尝试超市公开销售的国产奶粉品牌，满足自己育儿中的品牌渴望。

同时，贫困户还以特殊的方式消费着特殊的品牌。由于对小农生产方式的坚守，他们自己生产的传统农产品和现代的绿色品牌消费观念不谋而合。

"外面的没有自己的好"，是越来越多贫困村民对自家农产品的共识。笔者在村民ZGU家吃饭时，ZGU都会一再向笔者强调，"这是我个人家喂的猪，比街上砍的肉香""这个鱼是我在河里去搞的，比你们城里那些鱼肯定好吃些""这是我园子里的菜，没有打药""我这个香肠是手工灌的，你试哈，比你们城里机器灌那些好吃得多"。在ZGU的潜在话语中，城里人虽然看似光鲜，却始终活在充满风险的世界中，乡村虽物质短缺，也有着城市生活无法企及的美好与安全感。

随着食品安全信任危机的爆发，贫困村民纷纷认识到自家农产品的价值，逐渐意识到"外面的不如自己的好"，并对自我品牌的消费产生了自豪感。在贫困村民对代表着城市的品牌用认命者的姿态进行抗拒时，他们也通过尝试性的品牌消费，满足本色需求消费。

第四节　本章小结

现代社会的时空重组特征和抽离化机制，形成了多元化和全球化的品牌消费，身份的流动性和自我建构性，让身份转换成为可能。正是在这样的现代性条件下，品牌消费在某种程度上重塑了乡村消费者的生活，形成了村民新的身份意识，并促成了以多元品牌消费行为来凸显身份的身份自觉。在消费主义的浪潮中，品牌消费成为村民身份建构的自觉实践，两栖村民、留守村民、贫困村民通过多元分化的品牌消费行为，表达对新身份的认同与想象。

如候鸟般流动于城市和乡村空间的两栖村民，将乡村作为表达性品牌消费的主要场域。不管走多远，两栖村民的"面子"和其对生命意义的追寻，始终植根于乡土。因此，拥有符号区隔意义的品牌消费，成为"衣锦还乡"的两栖村民通过消费的差异化效应，构建成功者身份、挣脱城市消费中地位表达桎梏的不二选择。他们通过"准城市人"的炫耀性消费和成功者的示范性消费，形成了双重的阶层归属感：一方面是模仿城市居民，试图通过品牌消费来建构"准城市人"的身份；另一方面是示差，即在与左邻右舍的品牌消费竞争中，获得乡土社会的地位资源，显示和普通村民的身份差别。这种双重归属感让两栖村民在乡村场域完成了成功者的身份转换，并成为乡村品牌消费的引领者。

品牌消费为不同类型留守村民的自我身份想象和建构提供了自主个性诠释的空间。劳动力流动对不同留守群体的生产、生活和生命流程有着截然不同的影响。但是，不论是留守老人、留守儿童还是留守妇女，都有着自己身份转换的想象和期待，当村庄共同体从稳定走向流动，他们接触到了新的人生参考时,就都开始思考自我转型的可能性。虽然他们无法摆脱留守的生命际遇,但在微观的生活世界中,他们同样有着解脱和追寻的期待与想象。伴随城乡流动长大的留守青少年以"城镇人"自居,并通过对品牌跟风追逐的消费将自己和城镇拉近,远离乡村;个体化进程中的新一代留守妇女,在"尽职母亲"的角色想象中,品牌消费呈现焦虑与适度的交叠;留守老人为了家庭的团结和代际的亲密,以"新长辈"的身份自居,他们一方面在自己的消费中去品牌化,另一方面又在晚辈的消费中尽量品牌化。品牌为留守在乡村空间的群体,提供了超越时空的身份想象方式,并让他们紧跟城市和流动者的脚步。

贫困村民在消费社会中成为不合时宜的品牌消费者,在消费主义的滚滚浪潮中,他们只能压制自己的欲望,以本色小农认命者的姿态抗拒品牌消费的巨大诱惑。认命,既意味着对命运安排的服从,也透露着面对渴望的无奈。他们的生活被降低到一种维持生计的水平,过着"苦行者社会"的生活,消费也停留在传统农村基本衣食和人情的本色消费上。但市场依然对他们有着诱惑力,他们会尝试购买品牌商品,并找到自家农产品的品牌消费意义,以满足自己无奈的渴望。

想象即社会现实。[①] 村民多元的品牌消费行为和多元的身份想象,指向这样一种社会现实:一是村民共同的身份意识,即身份是流动的,品牌消费可以成为身份自我建构的主要方式;二是村民共同的消费向往,即对城市化、全球化品牌消费的向往;三是村民共同构建的流动的、弹性的乡村格局,即将消费认同的维度加入乡村刚性的传统差序格局中,形成更具流动性、弹性的乡村共同体。在这样的社会现实中,乡村多元、流动的消费共同体正逐渐形成。

---

① 阿尔君·阿帕杜莱:《消散的现代性:全球化的文化维度》,刘冉译,上海三联书店,2012,第15页。

第五章
结　论

通过对上坪村品牌消费的深描，笔者对乡村品牌消费的传播途径、文化变迁、认同实践进行了考察。本章将对上述研究进行总结，以形成基本结论。

一　现代化进程中村民在艰难而执着地追逐着品牌消费

对于现代社会消费的研究，既有批判也有辩护。批判者认为，现代社会的消费让生活本末倒置，消费成了生活的目的而不是手段，虚假需要刺激人的消费欲望，消费被符号体系操控，这样的消费是虚假的，是消费主义意识形态的"文化霸权"。[①] 辩护者认为，消费资本主义是使辛勤劳动的个人得到报酬和总体生活水平提高的改革，是自由市场经济对主体的解放。[②]

本书认为，村民的品牌消费，既不能简单地放置于剥削资本主义批判的视角中，也不能放置于自由主义者对主体解放的浪漫想象中。从身处压缩化的现代化进程的土家族村民的日常生活来看，村民正游走于操控、规训、解脱、追寻的日常消费实践中，追逐品牌消费的过程是艰难而执着的。他们卷入全球化和现代化变迁的浪潮中，在现代与传统、全球与本土、城市和乡村、物质与符号的融合与矛盾中徘徊与挣扎，试图找到融入这一进程的恰当

---

① 郑也夫：《后物欲时代的来临》，上海人民出版社，2007，第30~31页。
② 马杰伟：《酒吧工厂：南中国城市文化研究》，江苏人民出版社，2006，第17页。

方式。

在品牌从城市向乡村扩散的过程中，土家族村民既是被压抑、操控、规训的被动消费者，又是参与赋权和抵制规训的能动消费者。消费主义的意识形态通过电视操控着他们的品牌消费欲望，商人利用乡村人际网络完成品牌的扩散，并打破传统交往的安全感和秩序感，村民们甚至完全无法在品牌消费中使用新技术赋予他们的权力。与此同时，他们借助电视形成了走出大山追寻美好生活的最初冲动，利用新媒介找到了更多的消费可能性，在转换的购物空间中灵活地创造着多样的品牌生活世界，在乡土性的人际交往逻辑中寻找信任和支持。

在乡村品牌消费文化跨越式、压缩性的转型跃迁过程中，村民则必须在"消费欲望的符号刺激和消费能力的结构抑制"[①]的矛盾与困惑中找到支点。适度消费和过度消费的界限在哪里？消费物品和消费符号的界限在哪里？在对答案的追寻中，土家族村民们既裹挟在滚滚向前的消费现代化进程里，又通过对品牌消费物、消费观念、消费方式的创造性使用与理解，构建着多元杂糅的乡村消费文化图景。

随着现代化进程被压缩，乡村社会急剧变迁，村民身份不再具有预设的意义，变得不确定且流动，传统乡村社会的认同出现了断裂和冲突。正如吉登斯所说，在"晚期现代性"中，"重新发现自我"的过程充满着认同危机，这种危机常常伴随焦虑，其成因包括困窘的环境或其威胁。[②] 在消费主义的浪潮中，品牌消费成为村民身份建构的自觉实践，为了挣脱认同危机的困境，两栖村民、留守村民、贫困村民通过多元分化的品牌消费行为，开始了艰难的"重新发现自我"的过程。这一过程让他们形成了共同的身份意识、共同的生活向往，建构了新的乡村格局，并逐渐形成乡村多元、流动的消费共同体。

[①] 王宁：《消费欲的"符号刺激"与消费力的"结构抑制"——中国城市普通居民消费张力的根源与后果》，《广东社会科学》2012年第3期，第196~208页。

[②] 安东尼·吉登斯：《现代性与自我认同》，赵旭东、方文译，生活·读书·新知三联书店，1998，第13~14+50+174页。

抛开批判与辩护的二分法，本书关注了中国式的现代性在土家族村民日常消费生活层面的实现过程。对于实践主体土家族村民而言，在追寻品牌消费的过程中，他们既是被压抑的对象，又是解脱与追寻的主体，这一追逐过程是艰难的，追寻的脚步却是执着的。

二 乡村传播强力引导着村民品牌消费文化转型与变迁

在"传播与乡村发展"这一宏大研究主题下，本书研究了品牌的乡村传播扩散路径及其对乡村社会文化的影响。本书认为，乡村传播是村落品牌消费文化转型变迁的助推剂，引导着乡村品牌消费文化的转型发展。

电视、新媒介、购物空间、人际网络是品牌在乡村传播扩散的主要路径。

电视是扩大品牌知名度、刺激品牌消费欲望的有效途径。在乡村，电视不仅让乡村消费者认识了品牌，还通过镜像效应、框架效应、涵化效应操控着他们的消费欲望。新媒介是品牌扩散的新型传播途径，新媒介的品牌扩散是消费者赋权与去权相伴发生的过程。就赋权的来源或类型来看，外部赋权和自我赋权两种模式在新媒介的品牌乡村扩散中都发生作用，而新媒介品牌素养缺乏又导致了部分消费者的去权。购物空间是品牌扩散的独有渠道，购物空间的品牌扩散过程是消费者规训和抵制实践的共生。现代乡村集市既是传统交换发生的场所，又是村民品牌消费启蒙的地点。类城市品牌消费空间的小镇商街，一方面极大地丰富了村民消费生活的物质体系，另一方面营造了具有地方感的品牌消费氛围。超市成为国家与市场权力规训的场景，"专卖不专"的品牌专卖店是村民品牌消费的主场，也是村民日常抵制的实践地点。人际网络是乡村品牌扩散最核心的渠道。在乡村社会的"熟人""半熟人""陌生人"三种人际关系中，乡土与市场两种行动逻辑以不同的作用方式，形成对品牌扩散的影响。熟人关系遵循乡土逻辑，品牌通过代际反哺形成的消费信任倒置和邻里间的闲话传播扩散。半熟人关系遵循乡土与市场粘连的交往逻辑，品牌通过"城市—流动者—乡村"的双层示范效应和半熟人生意中人情与理性交织的消费引导扩散。陌生人关系遵循人际信任大于制度信任的交往逻辑，品牌扩散主要促成了村民在线下与陌生人的交情建立式消费和在线上互动中对陌生人的警觉性尝试消费。

品牌传播扩散助推和引导了乡村品牌消费文化的"跃迁"，主要表现为：品牌消费物的显性提升、品牌消费观念的多元呈现、品牌消费方式的转型跃升。

乡村品牌消费物得到显性提升，大件商品从乡村精英走向了普罗大众，日常消费品从自给之物变为市场之物，个性化商品从家庭走向个人，消费物的显性提升推动了乡村消费大众化、商品化、个体化的进程。乡村品牌消费观念得以多元呈现，传统乡村社会生存导向消费观依然延续，信赖导向品牌消费观开始出现，发展导向品牌消费观正在萌芽，社会化导向品牌消费观有所强化，消费观念的多元呈现扩展了村民的消费需求层级。乡村品牌消费方式走向转型跃升，从节俭式消费走向两栖式消费，从乡土审美式消费走向流行审美式消费，从乡村即需即购式消费迈向城市品牌满足式消费，消费方式的转型跃升促进了城乡一体化的消费发展。

在中国社会剧烈变革的背景下，在土家族乡村这个小型的社会体系中，品牌的传播扩散对村落消费文化产生了巨大的影响，引导着乡村消费走向现代化。

三　村民的多元身份认同对应品牌消费解构与多元呈现

在现代性条件下，传统稳定、同质的乡村共同体走向流动、多元，村落内部形成了多元异质的不同村民群体。本书按照流动程度和收入水平将村民划分为两栖村民、留守村民、贫困村民三类，考察他们在村落从稳定走向流动的过程中，如何通过品牌消费重新认识自我。本书发现，在传统乡村从生产社会逐步迈向消费社会的过程中，不同类型的村民有着对自我不同的多元认识和期待，这让他们的品牌消费行为呈现多样性，这种多样性又迸发出一种对传统身份解构的力量，在某种程度上重塑了乡村消费的生活，使品牌消费成为乡村消费者实现认同的主导方式之一。

两栖村民将乡村作为表达性品牌消费的主要场域。不管走多远，两栖村民的"面子"和其对生命意义的追寻,始终植根于乡土。因此,拥有符号区隔意义的品牌消费,成为"衣锦还乡"的两栖村民通过消费的差异化效应,构建成功者身份、挣脱城市消费中地位表达桎梏的不二选择。他们通过"准城市人"的炫耀性消费和成功者的示范性消费,形成了城市与乡村的双重阶层归属感。这种双重阶层归属感让两栖村民在乡村场域完成了成功者的身份转换,并成为乡村品牌消费的引领者。

品牌消费为留守村民的自我身份想象和建构提供了自主个性诠释的空间。伴随城乡流动长大的留守青少年以"城镇人"自居,并通过对品牌跟风追逐的消费,将自己和城镇拉近,远离乡村;个体化进程中的新一代留守妇女,在"尽职母亲"的角色想象中,品牌消费呈现焦虑与适度的交叠;留守老人为了家庭的团结和代际的亲密,以"新长辈"的身份自居,他们一方面在自己的消费中去品牌,另一方面又在晚辈的消费中尽量品牌化。品牌为留守在乡村空间的群体,提供了超越时空的身份想象方式,并让他们紧跟现代化的脚步。

贫困村民在消费社会中成为不合时宜的品牌消费者,在消费主义的滚滚浪潮中,他们只能压制自己的欲望,以本色小农认命者的姿态抗拒品牌消费的巨大诱惑。他们的生活被降低到一种维持生计的水平,过着"苦行者社会"的生活,消费也停留在传统农村基本衣食和人情的本色消费上。但品牌依然对他们有着诱惑力,他们会尝试购买品牌商品,并找到自家农产品的品牌消费意义,以满足自己无奈的渴望。

正如人类学家弗里德曼所说:"在世界范围内的消费总是对认同的消费。"[1] 身份的流动性和自我建构性,让村民身份的自我确认和认同变得驳杂,"我"对"我是谁"的看法变得多样。正是这样多元的身份认同,决定了村民的品牌消费方式也是多元的,而在多元的消费中,他们又创造和维持着对新身份的认同。

---

[1] Friedman, J., *Cultural Identity and Global Process* (London: SAGE Publications, 1994), p. 104.

四　品牌消费追求的趋同折射村民的自由全面发展，有利于乡村振兴

村民多元流动的品牌消费实践，体现了他们对城市化品牌消费的一致追求和对美好生活的向往，是其自由全面发展的折射。

马克思将人的全面发展解释为："人以一种全面的方式，也就是说，作为一个完整的人，占有自己的全面的本质。"① 也就是说，全面发展由人的内在本质决定。马克思和恩格斯将人的本质理解为四个方面。一是将人的本质归结为人的需要，"他们的需要即他们的本性"②。二是将人的本质理解为自由自在的劳动。人的劳动能力全面发展，他就可以"发挥他的全部才能和力量"③。三是将人的本质视为社会关系的总和。"人的本质不是单个人所固有的抽象物，在其现实性上，它是一切社会关系的总和。"④ 四是认为人的本质是成为自由个性的人。当"人终于成为自己的社会结合的主人，从而也就成为自然界的主人，成为自身的主人——自由的人"⑤ 的时候，就实现了人的全面发展。

从马克思对人的本质的解释出发，村民在品牌消费中的趋同追求，折射出村民自由全面发展的愿景。

一是在品牌消费中追求真实多样的需要。从生存论的角度看，消费通过满足人类的需要来实现人的发展。人的需要是真实的、多样的。真实的需要是出自人的本性的自主需要；多样的需要是全面的，既包括基本的生活需要，也包括更高层次的社会交往需要和实现自身发展的需要。在上坪村村民的品牌消费追求中，村民有着对品牌消费真实多样的需要，既有从日常生活实际出发产生的基本生活需要，也有不同层级的需要，物质匮乏的逐渐摆脱，让村民们产生了丰富多层的品牌消费需要。这让我们看到村民在生产力

---

① 《马克思恩格斯全集》（第四十二卷），人民出版社，1979，第123页。
② 《马克思恩格斯全集》（第三卷），人民出版社，1960，第514页。
③ 《马克思恩格斯全集》（第四十六卷），人民出版社，1979，第161页。
④ 《马克思恩格斯选集》（第一卷），人民出版社，1995，第56页。
⑤ 《马克思恩格斯全集》（第二十五卷），人民出版社，2001，第414页。

不断发展的实践活动中对人的需要的全面发展的追求。

二是在品牌消费中追求劳动实践能力的拓展。马克思说:"消费直接也是生产,正如在自然界中元素和化学物质的消费是植物的生产一样。例如,在吃喝这一种消费形式中,人生产自己的身体"。① 在对品牌消费的追求中,上坪村村民的消费水平和消费结构得到了优化,他们希望通过教育、健康等发展性的品牌消费,提升作为劳动者的才智和创造力,从而促进了劳动者素质的提高。

三是在品牌消费中追求社会关系的丰富性和普遍发展性。人的全面发展就是对社会关系的不断突破,对社会交往的良性互动。消费"在物理意义上消解客体的同时,在社会和文化意义上塑造主体,并因此找到了使个体整合到社会系统中的媒介。"② 各类村民城市化的品牌消费追求,使社会活动领域逐渐扩大,需要和消费水平不断提高。消费深入社会生活的各个层面,为村民与社会各领域、各阶层的人们的联系提供了可能性,让社会关系的内容不断丰富。同时,乡土性的社会关系如家庭代际关系、邻里关系也在村民品牌消费的过程中不断变化和突破,乡土社会的人际关系并没有因品牌消费而变得功利、冷漠、虚伪、疏远,反而出现了以家庭发展为目的的消费团结和消费反哺,促进了村民乡土社会关系的普遍发展。

四是在品牌消费中追求个性自由的实现。村民基于品牌消费的身份建构,打破了社会等级对日常消费的统治,体现了村民对个性自由的追求。而在商品社会,商品抹平了人与人之间的不平等。③ 正如马克思所言:"商品是天生的平等派"。④ 品牌在一定程度上满足了大众符号创造的需要,让品牌消费具备了"符号民主"的可能性。普通的村民在消费活动中能够通过主动的品牌消费选择,摆脱预设的身份、地位或生活方式的局限,适应社会的转型和文化的变迁。费斯克将这一主动性定义为"符号民主",他认为,当消费者在众多商品中做出选择时,正是一个充权的时刻,因为每个购买的

---

① 《马克思恩格斯选集》(第二卷),人民出版社,1995,第8页。
② 王宁:《消费社会学——一个分析的视角》,社会科学文献出版社,2001,第1页。
③ 鲍金:《消费生存论——现代消费方式的生存论阐释》,中央编译出版社,2012,第48页。
④ 《马克思恩格斯全集》(第二十三卷),人民出版社,1972,第103页。

行动都代表着拒绝由经济体系所供应的其他商品。消费者主导了消费本身，而经济体系成为从属。①

当然，马克思对于消费异化的批判也时刻提醒我们，村民在品牌消费追求中，也需要警惕滑向消费主义的深渊。例如，过分膨胀的虚假物质欲望、符号化催生的挥霍性消费、迷恋物质享乐、忽视精神追求、自我中心主义膨胀、社会责任感淡漠等问题，都是在农村品牌消费发展中需要警惕和反思的问题。这就需要让农民从异化劳动和异化消费中解放出来，在乡村振兴发展的过程中，创新多元的农村生产方式，激发农民的生产积极性，提高农民收入水平，尊重农民的切实消费需要，提升农民的精神文化追求。

乡村振兴的主体是农民，2018 年中央一号文件指出，乡村振兴要"坚持农民主体地位，充分尊重农民意愿，切实发挥农民在乡村振兴中的主体作用，调动亿万农民的积极性、主动性、创造性"。② "一个社会进步的激情不可能抽象地存在于虚幻的国家意识和民族精神之中，只有大多数社会成员脚踏实地为实现自己的利益奋斗时，这个社会才是一个真正有希望的、充满活力的社会。"③ 农民对品牌消费艰难而执着的追求，代表了他们自我实现和自我成就的愿景和对美好生活的向往，进而成为乡村振兴的内生动力，有利于乡村的振兴发展。

---

① 约翰·费斯克：《理解大众文化》，王晓珏、宋伟杰译，中央编译出版社，2001，第 220 页。
② 邓万春：《激发乡村振兴的内生动力》，《中国社会科学报》2018 年 6 月 19 日，第 8 版。
③ 苟志效、陈创生：《从符号的观点看——一种关于社会文化现象的符号学阐释》，广东人民出版社，2003，第 121 页。

附录1
上坪村居民个人品牌消费情况调查问卷

尊敬的女士/先生：

您好，为了解您日常生活中的品牌消费观念与行为，进行学术研究，我们设计了这份问卷。问卷将花去您5分钟左右的时间，请您在相应的选项上划"√"，每题后都有答题提示，方便您进行选择，请您仔细阅读。问题中涉及的个人信息，我们将严格按照行业规范进行操作，为受访者保密，请您放心。谢谢！

1. 您的性别 [单选题]

a. 男　　　　　　　　　　　b. 女

2. 您的出生年份 [单选题]

a. 1950~1969 年

b. 1970~1979 年

c. 1980~1989 年

d. 1990 年及以后

3. 您的年收入大约是（不扣除花销）[单选题]

a. 3 万元以下　　　　　　　b. 3 万~5 万元

c. 5 万~8 万元　　　　　　 d. 8 万元及以上

4. 您是否有外出打工的经历？[单选题]

a. 是　　　　　　　　　　　b. 否

5. 您大部分时间居住在哪里？［单选题］

a. 城市　　　　　　　　　　b. 镇上

c. 村里　　　　　　　　　　d. 两头跑

6. 您买东西时，会看牌子吗？［单选题］

a. 经常会　　　　　　b. 有时会　　　　　　c. 一般会

d. 偶尔会　　　　　　e. 从不会

7. 您在购买下列哪些商品时，会在意品牌？［多选题］

a. 家用电器　　　　　　　　b. 摩托车、汽车等交通工具

c. 大米、食用油、盐　　　　d. 洗衣粉、洗发水等家庭清洁洗护用品

e. 手机等个人电子产品　　　f. 零食饮料

g. 个人的护肤美妆品　　　　h. 个人卫生用品（卫生巾等）

i. 服装鞋包等　　　　　　　j. 通信服务类产品（移动、联通、电信）

k. 儿童用品　　　　　　　　l. 农药、种子、农机等生产用品

m. 不在意品牌

8. 您购买有品牌的东西的原因是什么？（最多选择3项）［多选题］

a. 质量有保障　　　　　　　b. 售后服务好

c. 用起来更舒适　　　　　　d. 让家人生活得更好

e. 有品位、有面子　　　　　f. 够时尚、有个性

g. 融入城市的生活　　　　　h. 跟身边的人保持一致

9. 您通常通过什么渠道知道和了解这些牌子？（最多选3项）［多选题］

a. 报纸杂志　　　　　　　　b. 广播

c. 电视　　　　　　　　　　d. 户外广告（墙体）

e. 网络　　　　　　　　　　f. 身边的人推荐

g. 看到别人买过　　　　　　h. 小卖部、超市、商场

i. 上门推销

10. 您使用的手机是什么品牌？［单选题］

a. OPPO　　　　　　　　　　b. vivo

c. 华为　　　　　　　　　　d. 荣耀

e. 小米	f. 联想

g. 锤子	h. 魅族

i. 小辣椒	j. 苹果

k. 其他品牌	l. 没手机

11. 您购买手机的价位是？[单选题]

a. 500 元以下	b. 500~1000 元

c. 1000~2000 元	d. 2000~3000 元

e. 3000~4000 元	f. 4000~5000 元

g. 5000 元及以上

12. 您更换手机的频率是？[单选题]

a. 1 年以内	b. 1~3 年

c. 3 年及以上	d. 用坏才换

13. 您的手机是智能机吗？[单选题]

a. 是	b. 否

14. 您常购买什么品牌的牙膏？（最多选择 3 项）[多选题]

a. 云南白药	b. 两面针

c. 绿叶	d. 纳爱斯

e. 片仔癀	f. 中华

g. 冷酸灵	h. 牙博士

i. 舒客	j. 黑人

k. 高露洁	l. 佳洁士

m. 舒适达	n. 安利

o. 其他品牌

15. 您常购买什么品牌的洗发水？（最多选择 3 项）[多选题]

a. 阿道夫	b. 舒蕾

c. 拉芳	d. 霸王

e. 蜂花	f. 索芙特

g. 滋源	h. 清扬

i. 海飞丝　　　　　　　　　j. 沙宣

k. 飘柔　　　　　　　　　　l. 资生堂

m. 施华蔻　　　　　　　　　n. 欧莱雅

o. 潘婷　　　　　　　　　　p. 多芬

q. 丝蕴　　　　　　　　　　r. 力士

s. 绿叶、美乐家等微商直销品牌　t. 其他品牌

16. 对于牙膏、洗发水、沐浴露这类洗护用品，您的品牌消费方式是？[单选题]

a. 选择一个品牌，一家人一起用

b. 根据个人需求，选择不同的品牌

17. 您常购买什么品牌的卫生巾？（最多选择3项）[多选题]

a. 洁婷　　　　　　　　　　b. 高洁丝

c. 苏菲　　　　　　　　　　d. 花王

e. 乐而雅　　　　　　　　　f. 护舒宝

g. ABC　　　　　　　　　　h. 七度空间

i. 安尔乐　　　　　　　　　j. 洁伶

k. 自由点　　　　　　　　　l. 绿叶、美乐家等微商直销品牌

m. 飞（Free）　　　　　　　n. 其他品牌

18. 您通常在哪里购买家电？（最多选择3项）[多选题]

a. 村里家电商店　　　　　　b. 镇上家电专卖店

c. 国美、苏宁等家电卖场　　d. 城里家电专卖店

e. 网上购买

19. 您通常在哪里购买日用品、食品饮料（最多选择3项）[多选题]

a. 村里小卖店　　　　　　　b. 乡里集市

c. 镇上超市　　　　　　　　d. 城里便利店、超市

e. 网上购买

20. 您通常在哪里购买服装鞋帽？（最多选择3项）[多选题]

a. 镇上集市　　　　　　　　b. 镇上服装超市

c. 网上购买　　　　　　　　　d. 城里大型商场/购物中心

e. 服装批发市场　　　　　　　f. 个性小店

21. 您常用的网购平台包括？（最多选择 3 项）[多选题]

a. 天猫　　　　　　　　　　　b. 淘宝

c. 唯品会　　　　　　　　　　d. 苏宁易购

e. 京东　　　　　　　　　　　f. 拼多多

g. 云集、达令家等社交店　　　h. 其他

i. 不网购

22. 您购物时主要采用什么支付方式？[单选题]

a. 手机支付　　　　　　　　　b. 现金支付

c. 刷卡支付

23. 您是否接受提前借贷消费（信用卡、京东白条、蚂蚁花呗等）的方式？[单选题]

a. 完全接受　　　　　　　　　b. 不接受

c. 看情况

附录2
上坪村居民家庭品牌消费情况入户调查表

户名：　　　组　号　　　人均可支配年收入：　　　贫困户：是　　否
家庭户籍总人数：　　　外出务工人数：

住房类型：新房　旧房	
住房装修情况：	厕所：
层数：1层 2层 3层	
家庭类型：	
居住方式：	

	电视	冰箱	洗衣机	空调	液化气灶	饮水机	净水器	热水器	宽带	汽车	米	食用油	电饭煲	摩托车
有无														
数量														
品牌														
样式														
购买时间														
价格														
购买地点														
购买人														

附录3
品牌消费与认知访谈提纲

一、家庭情况

1. 家庭人口、职业、收入、文化程度等基本情况

2. 主要亲属及社会关系

二、住房情况

1. 房子修建时间，修建费用，装修情况

2. 是否准备修新房，为何，需要多少钱，有什么变化？

3. 对村里盖房情况及趋势怎么看？村里的房子一般是怎么装修？装修样子从哪里学？

三、外出务工情况

1. 在哪里务工？务工职业、收入、经历等情况介绍

2. 是否适应？想不想回来？务工地方的消费与家里比较

四、品牌接触情况

1. 请谈谈您平时看电视的情况。您对电视节目和广告怎么看？

2. 请谈谈您平时网购的情况。购物您用什么平台，用不用花呗、京东白条等？

3. 请谈谈您平时如何使用手机以及您对微信、抖音、快手、视频网站的使用情况。您怎么看网红产品？

4. 您身边有没有搞微商的，卖的什么品牌？您觉得如何？您会不会搞？

5. 您平时一般在哪里购物？您觉得沙道沟怎么样？以前赶场和现在赶

场有什么不同？超市、专卖店和集市感觉有什么不同？

五、品牌认知及消费情况

1. 您觉得您需要品牌吗？您买牌子货的目的是什么？您一般买哪些东西会看牌子，为什么？

2. 您觉得如何判断一个牌子的好坏？

3. 您觉得节俭消费和超前消费哪个好些？您会不会贷款消费？您有没有贷款消费的经历？

4. 您是否经常返乡，怎么回？您对私家车的品牌有什么了解和倾向？

5. 您是否适应城市生活？出去打工后，您会不会更讲究品牌，或者了解更多的牌子，为什么？您身边的人有没有这种现象？

6. 您打工后新结识的人多不多，一般聊些什么？您会不会讨论和品牌消费相关的话题？

7. 村里结婚、丧葬、春节等节庆礼仪消费有什么讲究？条件好的条件差的办事有什么区别？排场打了会不会有人讲？

8. 您家里收入主要的来源是谁，各种消费由谁做主，怎么分配，家电、服装、家庭日化用品近些年有没有变化？

9. 您对苹果、麦当劳、肯德基、耐克、阿迪达斯这些外国牌子怎么看，喜不喜欢，买没买过，觉得好不好？

六、村里的情况

1. 村里哪些人家里比较富裕？改革开放后，哪些人发家比较快，怎么发的？最开始三大件在村里消费是什么情况？

2. 村里哪些人比较时髦？做生意的人多不多？炫耀性的消费有没有？请举例说明。

3. 现在村里哪些人比较有威信，在村里说话作数，哪些算能干人？您对他们怎么看？村里的人对他们怎么看？

4. 村里哪些牌子比较流行？村里年轻人喜欢什么？村里中年人喜欢什么？村里老年人喜欢什么？

5. 外出打工的人和在村里的人有什么不一样？

附录4
受访者信息统计表

序号	姓名	出生年份	序号	姓名	出生年份
1	ZGY	1947	26	TF	1992
2	QZJ	1964	27	TM	1982
3	ZGM	1952	28	XW	1990
4	LYY	1958	29	TML	1974
5	XZX	1985	30	LMH	1984
6	ZXM	1985	31	HXJ	1964
7	ZSL	1982	32	ZGN	1950
8	ZGL	1956	33	LB	1974
9	ZMY	1954	34	ZQ	1985
10	ZW	1984	35	ZMZ	1976
11	YQ	1991	36	LD	1986
12	LF	1984	37	PXF	1989
13	ZSQ	1983	38	WB	1883
14	ZGA	1955	39	ZEH	1992
15	HZY	1954	40	YL	1985
16	ZBB	1982	41	KMM	1972
17	ZL	1986	42	LR	1980
18	GY	1964	43	ZGU	1952
19	ZAM	1969	44	CJP	1966
20	ZH	1995	45	ZWG	1970
21	ZQ	1997	46	ZB	1977
22	ZZJ	1980	47	ZHO	1972
23	ZZY	1962	48	ZSY	1953
24	ZMM	1962	49	ZJY	1985
25	ZML	1987	50	HJX	1985

续表

序号	姓名	出生年份	序号	姓名	出生年份
51	WZB	1967	58	ZGI	1969
52	ZBG	1986	59	ZJH	2005
53	ZY	1980	60	YBY	2003
54	ZGZ	1959	61	ZQZ	2005
55	ZJP	1981	62	ZBI	1983
56	WAA	1967	63	ZGP	2004
57	TQ	1978			

参考文献

中文部分

A. 中文译著

埃姆·格里芬:《初识传播学:在信息社会正确认知自我、他人及世界》,展江译,北京联合出版公司,2016。

艾伦·哈丁、泰尔加·布劳克兰德:《城市理论:对21世纪权力、城市和城市主义的批判性介绍》,王岩译,社会科学文献出版社,2016。

安东尼·吉登斯:《社会的构成》,李康、李猛译,生活·读书·新知三联书店,1998。

安东尼·吉登斯:《现代性与自我认同》,赵旭东、万文译,生活·读书·新知三联书店,1998。

安东尼·吉登斯:《现代性的后果》,田禾译,译林出版社,2000。

奥利弗·博伊德·巴雷特:《媒介研究的进路:经典文献读本》,汪凯、刘晓红译,新华出版社,2004。

保罗·杜盖伊、斯图亚特·霍尔:《做文化研究——索尼随身听的故事》,霍炜译,商务印书馆,2003。

保罗·莱文森:《新新媒介》(第二版),何道宽译,复旦大学出版社，2014。

比尔·麦吉本：《消费的欲望》，朱琳译，中国社会科学出版社，2007。

查尔斯·泰勒：《现代性之隐忧》，程炼译，中央编译出版社，2001。

大卫·切尔：《家庭生活的社会学》，彭铟旎译，中华书局，2005。

大卫·M. 费特曼：《民族志：步步深入》（第三版），龚建华译，重庆大学出版社，2013。

戴慧思、卢汉龙编译《中国城市的消费革命》，上海社会科学院出版社，2003。

丹尼尔·米勒：《物质文化与大众消费》，费文明、朱晓宁译，江苏美术出版社，2010。

道格拉斯·凯尔纳：《媒介文化：介于现代与后现代之间的文化研究、认同性与政治》，丁宁译，商务印书馆，2004。

堤清二：《消费社会批判》，朱绍文译，经济科学出版社，1998。

E.M. 罗杰斯：《创新的扩散》（第五版），唐兴通、郑常青、张延臣译，电子工业出版社，2016。

凡勃伦：《有闲阶级论》，蔡受百译，商务印书馆，1964。

费·金斯伯格、里拉·阿布-卢赫德、布莱恩·拉金：《媒体世界：人类学的新领域》，丁惠民译，商务印书馆，2015。

赫伯特·席勒：《大众传播与美利坚帝国》，刘晓红译，上海译文出版社，2006。

赫伯特·马尔库塞：《单向度的人：发达工业社会的意识形态研究》，刘继译，上海译文出版社，2014。

亨利·列斐伏尔：《空间与政治》（第二版），李春译，上海人民出版社，2015。

亨利·列斐伏尔：《日常生活批判》，叶齐茂、倪晓晖译，社会科学文献出版社，2018。

加布里埃尔·塔尔德：《模仿律》，何道宽译，中国人民大学出版社，2008。

简·梵·迪克：《网络社会：新媒体的社会层面》（第二版），蔡静译，清华大学出版社，2014。

居伊·德波：《景观社会》，王昭风译，南京大学出版社，2007。

卡尔·波兰尼：《大转型：我们时代的政治与经济起源》，冯钢、刘阳等译，浙江人民出版社，2007。

柯克·约翰逊：《电视与乡村社会变迁：对印度两村庄的民族志调查》，展明辉、张金玺译，中国人民大学出版社，2005。

科林·斯巴克斯：《全球化、社会发展与大众媒介》，刘舸、常怡如译，社会科学文献出版社，2009。

克利福德·格尔茨：《文化的解释》，纳日碧力戈等译，上海人民出版社，1999。

克利福德·格尔茨：《地方知识：阐释人类学论文集》，杨德睿译，商务印书馆，2016。

路易-让·卡尔韦：《结构与符号：罗兰·巴尔特传》，车槿山译，北京大学出版社，1997。

罗兰·罗伯森：《全球化：社会理论和全球文化》，梁光严译，上海人民出版社，2000。

洛厄里、德弗勒：《大众传播效果研究的里程碑》（第三版），刘海龙等译，中国人民大学出版社，2009。

马克斯·韦伯：《经济与社会》（下卷），林荣远译，商务印书馆，1997。

玛格丽特·米德：《文化与承诺：一项有关代沟问题的研究》，周晓红、周怡译，河北人民出版社，1987。

迈克·费瑟斯通：《消费文化与后现代主义》，刘精明译，译林出版社，2000。

迈克尔·A.豪格、多米尼克·阿布拉姆斯：《社会认同的过程》，高明华译，中国人民大学出版社，2011。

曼纽尔·卡斯特：《认同的力量》（第二版），曹荣湘译，社会科学文献出版社，2006。

曼纽尔·卡斯特：《网络社会的崛起》，夏铸九、王志弘译，社会科学文献出版社，2006。

米歇尔·德·塞托：《日常生活实践：2. 居住与烹饪》，冷碧莹译，南京大学出版社，2014。

米歇尔·德·塞托：《日常生活实践：1. 实践的艺术》，方琳琳、黄春柳译，南京大学出版社，2015。

米歇尔·福柯：《规训与惩罚：监狱的诞生》，杨远婴、刘北武译，生活·读书·新知三联书店，1999。

奈杰尔·霍利斯：《全球化品牌》，谭北平等译，北京师范大学出版社，2009。

尼克·库尔德利：《媒介、社会与世界：社会理论与数字媒介实践》，何道宽译，复旦大学出版社，2014。

诺贝特·埃利亚斯：《文明的进程》，王佩莉译，生活·读书·新知三联书店，1998。

皮埃尔·布迪厄：《实践感》，蒋梓骅译，译林出版社，2003。

皮埃尔·布尔迪厄：《区分：判断力的社会批判》，刘晖译，商务印书馆，2015。

齐格蒙·鲍曼：《后现代性及其缺憾》，郇建立、李静韬译，学林出版社，2002。

齐格蒙特·鲍曼：《工作、消费、新穷人》，仇子明、李兰译，吉林出版集团有限责任公司，2010。

齐美尔：《社会是如何可能》，林荣远编译，广西师范大学出版社，2002。

乔纳森·弗里德曼：《文化认同与全球性过程》，郭建如译，商务印书馆，2003。

乔治·里茨尔：《社会的麦当劳化》，顾建光译，上海译文出版社，1999。

让·鲍德里亚：《消费社会》，刘成富、全志刚译，南京大学出版社，2014。

三浦展：《第4消费时代：共享经济的新型社会》，马奈译，东方出版社，2014。

莎朗·佐京：《购买点：购物如何改变美国文化》，梁文敏译，上海书店出版社，2011。

施坚雅：《中国农村的市场和社会结构》，史建云、徐秀丽译，中国社会科学出版社，1998。

斯蒂芬 L. 申苏尔等：《民族志方法要义：观察、访谈与调查问卷》，康敏、李荣荣译，重庆大学出版社，2012。

斯科特·拉什、西莉亚·卢瑞：《全球文化工业——物的媒介化》，要新乐译，社会科学文献出版社，2010。

斯图亚特·霍尔：《表征：文化表象与意指实践》，徐亮、陆兴华译，商务印书馆，2003。

斯图亚特·霍尔、保罗·杜盖伊：《文化身份问题研究》，庞璃译，河南大学出版社，2010。

唐·舒尔茨、海蒂·舒尔茨：《唐·舒尔茨论品牌》，高增安、赵红译，人民邮电出版社，2003。

乌尔里希·贝克：《风险社会：新的现代性之路》，张文杰、何博闻译，译林出版社，2018。

乌尔里希·贝克、伊丽莎白·贝克-格恩斯海姆：《个体化》，李荣山、范譞、张惠强译，北京大学出版社，2011。

许烺光：《宗族、种姓、俱乐部》，薛刚译，华夏出版社，1990。

阎云翔：《私人生活的变革：一个中国村庄里的爱情、家庭与亲密关系：1949~1999》，龚小夏译，上海书店出版社，2009。

叶海亚·R. 伽摩利珀：《全球传播》，尹宏毅译，清华大学出版社，2003。

约翰·费斯克：《理解大众文化》，王晓珏、宋伟杰译，中央编译出版社，2006。

詹姆斯·W. 凯瑞：《作为文化的传播》，丁未译，华夏出版社，2005。

B. 中文著作

陈刚：《中国乡村调查——农村居民媒体接触与消费行为研究》，高等教育出版社，2015。

陈培爱、贾胜南：《广告媒体教程》，北京大学出版社，2005。

陈卫星：《传播的观念》，人民出版社，2004。

陈向明：《质的研究方法与社会科学研究》，教育科学出版社，2000。

戴锦华：《电影理论与批评》，北京大学出版社，2007。

费孝通：《乡土中国》，人民出版社，2015。

郭建斌：《独乡电视：现代传媒与少数民族日常生活》，山东人民出版社，2005。

贺雪峰：《新乡土中国》，北京大学出版社，2013。

贺雪峰：《回乡记：我们眼中的流动中国》，中信出版社，2018。

胡百精：《说服与认同》，中国传媒大学出版社，2014。

蒋立松：《文化人类学概论》，西南师范大学出版社，2008。

李春霞：《电视与彝民生活》，四川大学出版社，2007。

李红艳：《乡村传播学》，北京大学出版社，2010。

梁治平：《清代习惯法、社会和国家》，中国政法大学出版社，1996。

林晓珊：《汽车梦的社会建构——中国城市家庭汽车消费研究》，社会科学文献出版社，2012。

陆扬、王毅选编《大众文化研究》，上海三联书店，2001。

师曾志、金锦萍：《新媒介赋权：国家与社会的协同演进》，社会科学文献出版社，2013。

舒咏平：《新媒体广告传播》，上海交通大学出版社，2015。

孙秋云等：《电视传播与乡村村民日常生活方式的变革》，人民出版社，2014。

王宁：《消费社会学——一个分析的视角》，社会科学文献出版社，2001。

王宁：《家庭消费行为的制度嵌入性》，社会科学文献出版社，2014。

吴飞：《火塘·教堂·电视：一个少数民族社区的社会传播网络研究》，光明日报出版社，2008。

徐敏、汪民安：《物质文化与当代日常生活变迁》，北京大学出版社，2018。

薛亚利：《村庄里的闲话意义功能和权力》，上海书店出版社，2009。

杨魁、董雅丽：《消费文化理论研究——基于全球化的视野和历史的维度》，人民出版社，2013。

姚建平：《消费认同》，社会科学文献出版社，2006。

衣俊卿：《西方马克思主义概论》，北京大学出版社，2008。

翟学伟：《人情、面子与权力的再生产》，北京大学出版社，2006。

翟学伟：《中国人行动的逻辑》，社会科学文献出版社，2001。

张静主编《身份认同研究：观念·态度·理据》，上海人民出版社，2006。

赵一凡：《从胡塞尔到德里达：西方文论讲稿》，生活·读书·新知三联书店，2007。

赵毅衡：《符号学：原理与推演》（修订本），南京大学出版社，2016。

赵毅衡：《哲学符号学：意义世界的形成》，四川大学出版社，2017。

郑红娥：《社会转型与消费革命：中国城市消费观念的变迁》，北京大学出版社，2006。

郑欣：《进城：传播学视野下的新生代农民工》，社会科学文献出版社，2018。

郑也夫：《后物欲时代的来临》，上海人民出版社，2007。

郑震：《中国都市中的消费实践：符号化及其根源》，社会科学文献出版社，2018。

周晓虹等：《中国体验——全球化、社会转型与中国人社会心态的嬗变》，社会科学文献出版社，2017。

周晓虹主编《中国社会与中国研究》，社会科学文献出版社，2004。

朱国华：《权力的文化逻辑：布迪厄的社会学诗学》，上海人民出版社，2016。

C. 中文期刊、会议论文

安然：《解析跨文化传播学术语"濡化"与"涵化"》，《国际新闻界》

2013年第9期。

敖成兵：《"隐形贫困人口"的主动标签、阶层认同及温和抵抗》，《中国青年研究》2018年第10期。

包亚明：《消费空间与购物的意义》，《马克思主义与现实》2008年第10期。

曹阳、潘海峰：《人际网络、市场网络：农户社会交往方式的比较》，《上海交通大学学报》（哲学社会科学版）2009年第1期。

陈卫星：《关于发展传播理论的范式转换》，《南京社会科学》2011年第1期。

陈映婕：《地方性消费：一个新的消费文化研究视角——概念的提出及其民俗学意义》，《浙江师范大学学报》2006年第6期。

程子彦：《回力鞋的嬗变：从奢侈品到地摊货，再到国外潮牌》，《中国经济周刊》2016年第18期。

丛日云：《西方文明的困境——后物质主义如何应对全球化的挑战》，《探索与争鸣》2018年第1期。

丁未：《新媒体与赋权：一种实践性的社会研究》，《国际新闻界》2009年第10期。

董天策：《消费文化的学理内涵与研究取向》，《西南民族大学学报》（人文社科版）2008年第10期。

付晓丽：《全球化背景下我国大学生消费价值观研究》，《中国青年研究》2009年第12期。

高力克：《全球化中的物质主义与后物质主义》，《浙江社会科学》2018年第5期。

高梦媛、郑欣：《农村居民的城市想象与身份认同：江苏证据》，《重庆社会科学》2013年第4期。

郭科、苏晓君：《阶层固化：新生代农民工的身份认同——基于河南省四城市的调查分析》，《四川民族学院学报》2014年第3期。

郭熙保、罗知：《论贫困概念的演进》，《江西社会科学》2005年第

11 期。

哈贝马斯、曹卫东:《马丁·布伯:当代语境中的对话哲学》,《现代哲学》2017 年第 4 期。

何辉:《"镜像"与现实——广告与中国社会消费文化的变迁以及有关现象与问题》,《现代传播》2001 年第 3 期。

贺雪飞:《论全球性消费时代的跨文化广告与消费文化》,《浙江社会科学》2008 年第 7 期。

贺雪峰:《论半熟人社会——理解村委会选举的一个视角》,《政治学研究》2000 年第 3 期。

贺雪峰、仝志辉:《论村庄社会关联——兼论村庄秩序的社会基础》,《中国社会科学》2002 年第 3 期。

胡磊、赵学清:《马克思人的发展理论的本真意蕴和现实进路》,《改革与战略》2018 年第 7 期。

胡翼青:《论文化向度与社会向度的传播研究》,《新闻与传播研究》2012 年第 3 期。

胡翼青、汪睿:《作为空间媒介的城市马拉松赛——以南京马拉松赛为例》,《湖南师范大学社会科学学报》2018 年第 4 期。

黄光耀:《论全球化理论的演进》,《山东工商学院学报》2014 年第 3 期。

黄卫星、李彬:《传播:从主体性到主体间性》,《南京社会科学》2012 年第 12 期。

吉志鹏:《当代中国消费变化视域中人的发展探析》,《山东社会科学》2015 年第 11 期。

蒋典阳:《"陌生人社会"背景下社会信任的困境及重构》,《甘肃理论学刊》2018 年第 3 期。

蒋建国:《市场经济背景下我国电视消费文化的发展及其娱乐化特征》,《社会科学战线》2011 年第 6 期。

蒋诗萍:《奢侈品平面广告表意的符号学研究》,《当代传播》2015 年第 2 期。

蒋诗萍、饶广祥：《品牌神话——符号意义的否定性生成》，《国际新闻界》2015 年第 3 期。

金惠敏：《从话语的铁屋子里突围——试论戴维·莫利的积极受众论》，《甘肃社会科学》2011 年第 2 期。

金惠敏：《抵抗的受众诗学——〈积极受众论〉英文版自序》，《文艺理论研究》2011 年第 2 期。

景天魁：《中国社会发展的时空结构》，《社会学研究》1999 年第 6 期。

景天魁：《时空压缩与中国社会建设》，《兰州大学学报》（社会科学版）2015 年第 5 期。

康宇：《从符号价值到物的社会意义——当代西方消费文化范式的转变》，《理论与现代化》2007 年第 6 期。

李彬、关琮严：《空间媒介化与媒介空间化——论媒介进化及其研究的空间转向》，《国际新闻界》2012 年第 5 期。

李洪君、孙梦：《从使用价值到符号价值：变动中的农村居民消费观——以辽宁省大连市 J 村为例》，《党政干部学刊》2016 年第 4 期。

李琴：《从勤俭节约到消费至上：对西方消费文化的唯物史观解读》，《理论与现代化》2006 年第 2 期。

李晓嘉：《"消费降级"缘何出现——"消费降级"是更为理性、实惠的消费方式》，《人民论坛》2018 年第 19 期。

李竹君、尧丹俐：《从社会认同理论视角看社群消费行为》，《中国市场》2017 年第 31 期。

林晓珊：《"香烟"弥漫的青春：作为一种"过渡期仪式"的青少年香烟消费》，《青年研究》2010 年第 3 期。

林晓珊：《母职的想象：城市女性的产前检查、身体经验与主体性》，《社会》2011 年第 5 期。

林宇：《试论布迪厄符号暴力理论之现实意义——基于后进生的视角》，《宁波大学学报》（教育科学版）2010 年第 2 期。

刘程、黄春桥：《流动：农村家庭消费观念现代化的动力基于中西部五省的实证研究》，《社会》2008年第1期。

刘涛：《社会化媒体与空间的社会化生产——列斐伏尔和福柯"空间思想"的批判与对话机制研究》，《新闻与传播研究》2015年第5期。

刘晓红：《共处·对抗·借鉴——传播政治经济学与文化研究关系的演变》，《新闻与传播研究》2005年第1期。

刘新宇：《城市家庭的奶粉焦虑、哺育伦理与市场卷入》，《妇女研究论丛》2018年第2期。

卢晖临：《革命前后中国乡村社会分化模式及其变迁：社区研究的发现》，《中国乡村研究》2003年第1期。

罗钢：《西方消费文化理论述评（上）》，《国外理论动态》2003年第5期。

罗金成、杨奔：《公共性概念的变迁——从哈贝马斯到汤普森》，《学术论坛》2014年第9期。

吕新雨：《农民、乡村社会与民族国家的现代化之路》，《读书》2004年第4期。

吕永峰、何志武：《逻辑、困境及其消解：移动短视频生产的空间实践》，《编辑之友》2019年第2期。

马祯：《人类学研究中"物"的观念变迁》，《贵州大学学报》（社会科学版）2015年第5期。

宁全荣、郭英：《马克思的享乐观初探——兼论马克思与鲍德里亚的思想交锋》，《燕山大学学报》（哲学社会科学版）2016年第4期。

欧阳谦：《当代文化理论与社会转型问题》，《社会科学战线》2017年第1期。

潘鸿雁：《农村分离的核心家庭与社区支持》，《甘肃社会科学》2005年第4期。

潘泽泉、何倩：《居住空间、社会交往和主观地位认知：农民工身份认同研究》，《湖南社会科学》2017年第1期。

潘忠党、於红梅：《阈限性与城市空间的潜能——一个重新想象传播的维度》，《开放时代》2015年第3期。

秦红增、刘佳：《超越村落：文化农民社会资本的扩展及其结构研究》，《中国农业大学学报》（社会科学版）2009年第4期。

沙垚：《重构中国传播学——传播政治经济学者赵月枝教授专访》，《新闻记者》2015年第1期。

沙垚：《乡村传播研究的范式探索》，《新闻春秋》2015年第4期。

施芸卿：《当妈为何越来越难——社会变迁视角下的"母亲"》，《文化纵横》2018年第5期。

石开斌：《德赛图抵制理论的推崇与质疑——费斯克与鲍德里亚大众抵制思想之比较》，《武汉理工大学学报》（社会科学版）2012年第2期。

石文典、丁乃姝：《国内外消费观研究述评》，《重庆理工大学学报》（社会科学）2010年第2期。

舒咏平、肖雅娟：《品牌传播理论建构的主体性、史学观和思维变革》，《现代传播》（中国传媒大学学报）2018年第1期。

苏媛媛：《都市白领青年的消费观念和消费行为研究——与非白领青年的比较分析》，《中国青年研究》2014年第4期。

隋岩：《受众观的历史演变与跨学科研究》，《新闻与传播研究》2015年第8期。

孙立平：《社会转型：发展社会学的新议题》，《社会观察》2005年第3期。

孙秋云、李洪君：《物质消费文化研究的三个阶段》，《党政干部学刊》2014年第8期。

孙玮：《作为媒介的城市：传播意义再阐释》，《新闻大学》2012年第2期。

孙玮：《"上海再造"：传播视野中的中国城市研究》，《杭州师范大学学报》（社会科学版）2013年第2期。

孙信茹、杨星星：《媒介在场·媒介逻辑·媒介意义——民族传播研究的取向和进路》,《当代传播》2012年第5期。

邰小丽:《试析大众媒介在中国消费文化兴起和传播中的作用》,《国际新闻界》2009年第5期。

唐兵:《建国以来中国消费者行为变迁规律研究》,《探索》2010年第2期。

张洋、张敏:《大型购物中心与幼童母亲的多重身份建构——女性主义、家庭化、公共与私人空间的超越》,《人文地理》2016年第3期。

张翼:《当前中国社会各阶层的消费倾向——从生存性消费到发展性消费》,《社会学研究》2016年第4期。

张原、汤芸:《民族地区的消费文化研究与田野实践探索》,《贵州民族学院学报》(哲学社会科学版)2005年第2期。

张志丹:《历史唯物主义视阈中的消费社会批判——从阿格里塔和鲍德里亚的方法论谈起》,《马克思主义研究》2008年第8期。

赵月枝、林安芹:《乡村、文化与传播:一种研究范式的转移(上)》,《教育传媒研究》2017年第4期。

甄月桥、朱茹华、吴凡等:《新生代农民工身份认知的选择性解释》,《发展研究》2011年第12期。

郑杭生、郭星华:《中国社会的转型与转型中的中国社会——关于当代中国社会变迁和社会主义现代化进程的几点思考》,《浙江学刊》1992年第4期。

郑杭生:《"转型中的中国社会"专题研究》,《江苏社会科学》2002年第2期。

郑红娥:《发展主义与消费主义:发展中国家社会发展的困厄与出路》,《华中科技大学学报》(社会科学版)2005年第4期。

郑欣:《现代广告与青年消费文化》,《青年研究》1999年第1期。

周明宝:《城市滞留型青年农民工的文化适应与身份认同》,《社会》2004年第5期。

周世兴、韩昀:《从文化主义到结构主义马克思主义——伯明翰学派早期理论路径转向探微》,《南京社会科学》2016 年第 4 期。

周素戎、朱虹:《身份认同与青少年符号消费——以鞋为例》,《中国青年研究》2013 年第 12 期。

周廷勇:《人的媒介化生存与教育的澄明》,《现代传播》(中国传媒大学学报)2018 年第 11 期。

周晓虹:《文化反哺与媒介影响的代际差异》,《江苏行政学院学报》2016 年第 2 期。

周晓虹:《文化反哺:生发动因与社会意义》,《青年探索》2017 年第 5 期。

周昱含、胡翼青:《从文化霸权到媒介霸权:论葛兰西思想的美国之旅》,《全球传媒学刊》2015 年第 3 期。

周云、彭光芒:《人际传播中的信息交换与利益实现》,《北京理工大学学报》(社会科学版)2005 年第 4 期。

朱迪、卢汉龙:《消费行为的伦理解释:中西消费伦理的变迁与比较》,《南京社会科学》2011 年第 3 期。

朱红亮:《品牌概念的发展嬗变》,《西北师大学报》(社会科学版)2009 年第 4 期。

祝帅:《20 世纪广告文化研究基本理论范式解析》,《广告大观》(理论版)2017 年第 1 期。

刘锐:《2001~2010:中国发展传播学研究现状与前景》,《国际新闻界》2011 年第 6 期。

英文部分

英文论文

Agbamu, J. U., "Development Communication in Rural Development Programmes: The African Perspective," *Journal of Development Communication* 11 (2000).

参考文献

Beaudoin, P., Lachance, M. J., and Robitaille, J., "Fashion Innovativeness, Fashion Diffusion and Brand Sensitivity among Adolescents," *Journal of Fashion Marketing & Management* 7 (2003).

Boller, G. W. and Olson, J. C., "Experiencing Ad Meanings: Crucial Aspects of Narrative Drama Processing," *Advances in Consumer Research* 2 (1991).

Burke, P. J. and Reitzes, D. C., "An Identity Theory Approach to Commitment," *Social Psychology Quarterly* 54 (1991).

Burke, P. J., "Identities and Social Structure: The 2003 Cooley-Mead Award Address," *Social Psychology Quarterly* 67 (2004).

Chu, K. H., Unger, J. B., Allem, J. P., et al., "Diffusion of Messages from an Electronic Cigarette Brand to Potential Users Through Twitter," *Plos One* 10 (2015).

Danzer, A. M., Dietz, B., et al., "Showing Off to the New Neighbors? Income, Socioeconomic Status and Consumption Patterns of Internal Migrants," *Journal of Comparative Economics* 42 (2014).

Dessewffy, T., "Strangerhood Without Boundaries: An Essay in the Sociology of Knowledge," *Poetics Today* 17 (1996).

Deutschmann, P. J. and Danielson, W. A., "Diffusion of Knowledge of the Major News Story," *Journalism & Mass Communication Quarterly* 37 (1960).

Ding, S. H. and Han, Z. J., *Modeling the Brand Competition Diffusion for Consumer Durables Based on the Bass model*. Harbin: International Conference on Logistics Systems & Intelligent Management, 2010.

Escalas, J. E., Moore, M. C., and Britton, J. E., "Fishing for Feelings? Hooking Viewers Helps!" *Journal of Consumer Psychology Research* 14 (1) (2004).

Gouws, T. and Oudtshoorn, G., "Correlation Between Brand Longevity and the Diffusion of Innovations Theory," *Journal of Public Affairs* 11 (2011).

Hogg, M., Terry, D., and Terry, D., "A Tale of Two Theories: A Critical Comparison of Identity Theory with Social Identity Theory," *Social Psychology Quarterly* 58 (1995).

Hong, Y. Y., et al., "How Are Social Identities Linked to Self-Conception and Intergroup Orientation? The Moderating Effect of Implicit Theories," *Journal of Personality & Social Psychology* 85 (2003).

Howells, G., "The Potential and Limits of Consumer Empowerment by Information," *Journal of Law and Society* 32 (3) (2005).

Smith, J. B. and Colgate, M., "Customer Value Creation: Apractical Frame Work," *Journal of Marketing Theory and Practice* 15 (2007).

Jacobson, T. L. and Storey, J. D., "Development Communication and Participation: Applying Habermas to a Case Study of Population Programs in Nepal," *Communication Theory* 14 (2010).

Kim, Y. Y., "Inquiry in Intercultural and Development Communication," *Journal of Communication* 55 (2010).

Hallahan, K., "Seven Models of Framing: Implications for Public Relations," *Journal of public relations research* 11 (3) (1999).

Kuriyan, R., Ray, I., and Toyama, K., "Information and Communication Technologies for Development: The Bottom of the Pyramid Model in Practice," *Information Society* 24 (2008).

Peracchio, L. A. and Meyers-Levy, J., "Evaluating Persuasion-Enhancing Techniques from a Resource-Matching Perspective," *Journal of Consumer Research* 24 (2) (1997).

Levin, I I. P., Schneider, S. L., and Gaeth, G. J., "All Frames Are Not Created Equal: A Typology and Critical Analysis of Framing Effects," *Organizational behavior and human decision processes* 76 (2) (1998).

Mahmud, N., Rodriguez, J., and Nesbit, J., "A Text Message-Based Intervention to Bridge the Healthcare Communication Gap in the Rural Developing

World," *Technology and Health Care: official journal of the European Society for Engineering and Medicine* 18 (2010).

McGregor, S., "Sustainable Consumer Empowerment Through Critical Consumer Education," *International Journal of Consumer Studies* 29 (5) (2005).

McQuarrie, E. F. and Mick, D. G. "Figures of Rhetoric in Advertising Language," *Journal of Consume Research* 22 (4) (1996).

Mills, M. B., "Migrant Labor Takes a Holiday. Reworking Modernity and Marginality in Contemporary Thailand," *Critique of Anthropology* 19 (1999).

Morris, N., "A Comparative Analysis of the Diffusion and Participatory Models in Development Communication," *Communication Theory* 13 (2010).

Ngai PUN, "Becoming Dagongmei (Working Girls): The Politics of Identity and Differencein Reform China," *China Journal* 42 (1999).

Ngai, P., "Subsumption or Consumption? The Phantom of Consumer Revolution in 'Globalizing' China," *Cultural Anthropology* 18 (2003).

Phau, I. and Cheong, E., "How Young Adult Consumers Evaluate Diffusion Brands: Effects of Brand Loyalty and Status Consumption," *Journal of International Consumer Marketing* 21 (2009).

Potter, D., Lerner, D., Pevsner, L. W., and Riesman, D., "The Passing of Traditional Society: Modernizing the Middle East," *American Sociological Review* 24 (1959).

Andersen, P. H., "Relationship Development and Marketing Communication: An Integrative Model," *Journal of Business & Industrial Marketing* 16 (2001).

Rogers, E. M., "Communication and Development: The Passing of the Dominant Paradigm," *Communication Research* 3 (1976).

Schramm, M. E., et al., "An Agent-Based Diffusion Model with Consumer and Brand Agents," *Decision Support Systems* 50 (2011).

Seshagiri, S., Aman, S., and Joshi, D., "Connecting the 'Bottom of the Pyramid': An Exploratory Case Study of India's Rural Communication Environment." *ACM*, 2007.

Stets, J. E. and Burke, P. J., "Identity Theory and Social Identity Theory," *Social Psychology Quarterly* 63 (2000).

Tajfel, H. and Turner, J., "An Integrative Theory of Intergroup Conflict," *Social Psychology of Intergroup Relations* 33 (1979).

Tajfel, H., "The Social Identity Theory of Intergroup Behavior," *Psychology of Intergroup Relations* 13 (1986).

Tsai, S, "Impact of Personal Orientation on Luxury-Brand Purchase Value," *International Journal of Market Research* 47 (2005).

Waithaka, M., "Communication for Rural Innovation: Rethinking Agricultural Extension," *Agricultural Systems* 84 (2005).

Warde, A., "Dimensions of a Social Theory of Taste," *Journal of Cultural Economy* 1 (2008).

Wellenius, B., "Closing the Gap in Access to Rural Communications: Chile 1995–2002," *World Bank Publications Paper* 4 (2002).

Wentzel, D., Tomczak, T., and Herrmann, A., "The Moderating Effect of Manipulative Intent and Cognitive Resources on the Evaluation of Narrative Ads," *Psychology and Marketing* 27 (2010).

Yan, Y. X., Watson, J. L., and Caldwell, M. L., "Of Hamburger and Social Space: Consuming McDonald's in Beijing," *Cultural Politics of Food & Eating A Reader* 1 (2005).

Zhang, J., "Public Diplomacy as Symbolic Interactions: A Case Study of Asian Tsunami Relief Campaigns," *Public Relations Review* 32 (2006).

Zhao, X., Cheng, A., Zhong, Z., et al, "Impact of Market Expansion on Brand Diffusion: The Case of Mini Passenger Vehicle in China," *International Conference on Information Technology and Computer Science*, 3rd (ITCS 2011).

英文著作

Rich, A., *Of Woman Born: Motherhood as Experience and Institution* (New York: W. W. Norton & Company, 1976).

Lindesmith, A. R. and Strauss, A. L., *Social Psychology* (New York: Holt, Rinehart and Winston, 1956).

Appadurai, A., *The Social Life of Things: Commodities in Cultural Perspective* (New York: Cambridge University Press, 1986).

Mody, B., *International and Development Communication: A 21st-Century Perspective* (CA: Sage Publications Ltd., 2012).

Cova, B., Kozinets, R. V., and Shankar, A., *Consumer Tribes* (London and New York: Routledge, 2012).

Anyaegbunam, C., Mefalopulos, P., and Moetsabi, T., et al., *Participatory Rural Communication Appraisal Starting with the People A Handbook* (Rome: Food and Agriculture Organization of the United Nations, 2004).

Chodorow, N., *The Reproduction of Mothering: Psychoanalysis and the Sociology of Gender* (Berkeley: University of California Press, 1978).

Flora, C. B., *Rural Communities: Legacy + Change* (New York: Routledge, 2018).

Deutschmann, P. J. and Borda, O. F., *Communication and Adoption Patterns in an Andean Village* (San José: Programa Interamericano de Información Popular, 1962).

Slater, D., *Consumer Culture and Modernity* (London: Polity Press, 1997).

Emmet, D., *Rule, Role and Relation* (Boston: Beacon Press, 1966).

Duesenberry, J. S., *Income, Saving and the Theory of Consumer Behavior* (Massachusetts: Harvard University Press, 1959).

Silva, E. B., *Good Enough Mothering?: Feminist Perspectives on Lone*

Motherhood (London: Routledge, 1996).

Wolf, E. R., *Peasants* (Prentice Hall, 1966).

Erikson, E. H., *Identity and life Cycle* (New York: Norton, 1959).

Rogers, E. M., *Modernization Among Peasants: The Impact of Communication* (New York: Holt, Rinehart and Winston, 1969).

McCracken, G., *The Culture and Consumption: New Approaches to the Symbolic Character of Consumer Goods and Activities* (Indianapolis: Indiana University, 1998).

Hornik. R, *Development Communication: Information, Agriculture, and Nutrition in the Third World* (New York: Longman Publishing Group, 1993).

Lyotard, J. F., *The Postmodem Condition: A Report on Knowledge* (Mancheste: Manchester University Press, 1987).

Baldwin, J. M., *Dictionary of Philosophy and Psychology* (New York: The Macmillan Company, 1998).

Baudrillard, J. and Poster, M., *Selected Writings* (Oxford: Blackwell Pub, 2001).

Sekora, J., *Luxury: The Concept in Western Thought, Eden to Smollett.* (Baltimore: Johns Hopkins University Press, 1997).

Friedman, J., *Cultural Identity and Global Process* (London: SAGE Publications, 1994).

Pearsall, J., *The New Oxford Dictionary* (Oxford: Clarendon Press, 1988).

Shaw, M. E. and Costanzo, P. R., *Theories of Social Psychology* (New York: McGraw-Hill Book Company, 1982).

DeVault, M. J., *Feeding the Family: The Social Organization of Caring as Gendered Work* (Chicago, London: University of Chicago Press, 1991).

McLuhan, M., *Explorations in Communication* (Boston: Beacon Press, 1960).

Miles, M. B. and Huberman, A. M., *Qualitative Data Analysis* (Thousand Oaks, CA: Sage, 1994).

Miles, M. B. and Huberman, A. M., *Qualitative Data Analysis: A Methods Sourcebook* (Thousand Oaks, CA: Sage, 2013).

Moemeka, A., *Development Communication in Action: Building Understanding and Creating Participation* (Lanham: The Rowman & Littlefield Publisher, 2000).

Stearns, P. N., *Consumerism in World History: The Global Transformation of Desire* (London: Routledge, 2001).

Saunders, P., *Social Theory and Urban Question* (2nd ed.) (London: Rontledge, 1986).

Bourdieu, P., *The Field of Cultural Production* (Cambridge: Polity Press, 1993).

Sassatelli, R., *Consumer Culture: History, Theory and Politics* (London: Sage Publications, 2007).

Kinseng, R. A., Dharmawan, A. H., and Lubis, D., *Rural Socio-Economic Transformation: Agrarian, Ecology, Communication and Community, Development Perspectives* (Florida: CRC Press, 2019).

Rogers, E. M., *Hand-Book of International and Intercultural Communication* (Newbury Park, CA: Safe, 2001).

Schein, L., *Urbanity, Cosmopolitanism, Consumption*. In "China Urban: Ethnographies of Contemporary Culture", 2001.

Thye, S. R. and Lawler, E. J., *Advances in Group Processes* (Emerald Publishing Limited, 2002).

Stryker, S., *Symbolic Interactionism: A Social Structural Version* (Palo Alto: Benjamin/ Cummings, 1980).

Ng, S. H., et al., *Language Matters: Communication, Culture and Identity* (Hone Kong: City University of Hong Kong Press, 2004).

Simon, B., *Identity in Modern Society: A Social Psychological Perspective* (Oxford: Blackwell, 2004).

Bookman, S., *Brands and the City: Entanglements and Implications for Urban Life* (*Cities and Society*) (London and New York: Routledge, 2017).

Edgell, S., Hetherington, K., and Warde, A., *Consumption Matters: The Production and Experience of Consumption* (Oxford: Blackwell Publishers, 1996).

Stryker, S. and Serpe, R. T., "Commitment, Identity Salience, and Role Behavior: Theory and Research Example," In *Personality, Roles, and Social Behavior* (New York: Springer-Verlag, 1982).

Veblen, T., *The Theory of the Leisure Class* (New York: The Modern Library, 2001).

Sombart, W., *Why Is There No Socialism in the United States?* (New York: The Macmillan Press Ltd, 1976).

后　记

本书以民族志方法展开土家族乡村品牌消费研究，受到研究者本人作为研究工具的时空限制，所获得的田野资料存在历史局限性。同时，由于多种原因，本书在研究中对区域内部社会发展历史的资料搜集比较有限，这让本书的论述在历时性的比较视野上缺乏纵深感，未能建立起过去、现在、未来之间十分清晰的链接。本书共时性研究较多，历时性分析较为缺乏，无论是在理论、经验还是在现实层面，都未能充分地展开与历史的对话。因此，笔者希望能在后续研究中对以上问题进行补充和完善，将土家族乡村品牌消费的研究持续动态地开展下去，从而真正实现历史和逻辑的统一、经验与理性的统一。

2016年6月，国务院办公厅印发的《关于发挥品牌引领作用推动供需结构升级的意见》（简称《意见》）提出，品牌代表着供给结构和需求结构的升级方向。推动农村消费升级是需求结构升级工程的重要内容，需求结构升级要发挥品牌影响力，切实采取可行措施，扩大自主品牌产品消费，适应引领消费结构升级。同时，《意见》还将优质农产品供给作为供给结构升级工程的三大内容之一。这无疑将从两方面促使土家族乡村品牌消费提升。一方面，农村需求结构升级，农村消费品供给将以品牌为导向，加强产品质量安全。政府会保障良好的市场秩序，建立城乡一体的商贸物流体系，保障品牌产品流通渠道畅通，深入推进新型城镇化建设，释放潜在消费需求。这些政策将极大改善农村品牌消费环境，升级农村消费结构，保障农民的消费安全。另一方面，农产品供给品牌化转型，会推动农业增效与农民增收。农民收入的增加、购买力的提升，也将促进乡村品牌消费的提升。在这样的背景下，继续开展土家族乡村品牌消费的研究是有必要的。

国家乡村振兴战略包括乡村产业、文化、人才、生态、组织五个方面的振兴：乡村产业振兴致力于构建起现代的农业产业体系、生产体系、经营体系；乡村文化振兴以培育文明乡风、良好家风、淳朴民风为目标；乡村人才振兴的目的在于在乡村形成人才、土地、资金、产业汇聚的良性循环，培育"新型职业农民"；乡村生态振兴要坚持绿色发展，让良好生态成为乡村振兴支撑点；乡村基层党组织和基层党组织书记的培养，有利于完善现代乡村社会治理体制，推动改革深化和农村创业创新，确保乡村社会充满活力、安定有序。乡村振兴战略为我们绘制了乡村未来发展的美好蓝图。这一战略的实施必然会进一步推动土家族的乡村品牌消费升级，满足土家族村民的美好生活需要。也正是在这一背景下，本研究具备了持续动态开展的可能性和必要性。

图书在版编目(CIP)数据

发展传播视野中的武陵山区农村品牌消费研究 / 陶薇著 . -- 北京：社会科学文献出版社，2022.12
ISBN 978-7-5228-0404-0

Ⅰ.①发… Ⅱ.①陶… Ⅲ.①山区-农村-消费者行为论-研究-西南地区 Ⅳ.①F723.55

中国版本图书馆 CIP 数据核字（2022）第 118008 号

发展传播视野中的武陵山区农村品牌消费研究

著　　者 / 陶　薇

出 版 人 / 王利民
组稿编辑 / 吴　敏
责任编辑 / 王　展
文稿编辑 / 赵亚汝
责任印制 / 王京美

出　　版 / 社会科学文献出版社·皮书出版分社（010）59367127
　　　　　地址：北京市北三环中路甲 29 号院华龙大厦　邮编：100029
　　　　　网址：www.ssap.com.cn

发　　行 / 社会科学文献出版社（010）59367028
印　　装 / 三河市龙林印务有限公司

规　　格 / 开　本：787mm×1092mm　1/16
　　　　　印　张：14　字　数：215千字
版　　次 / 2022 年 12 月第 1 版　2022 年 12 月第 1 次印刷
书　　号 / ISBN 978-7-5228-0404-0
定　　价 / 79.00 元

读者服务电话：4008918866

版权所有 翻印必究